21世纪远程教育精品教材·公共基础课系列

马克思主义哲学原理

(第二版)

主编　霍福广

中国人民大学出版社

·北京·

总　序

我们正处在教育史尤其是高等教育史上的一个重大的转型期。在全球范围内，包括在我们中华大地，以校园课堂面授为特征的工业化社会的近代学校教育体制，正在向基于校园课堂面授的学校教育与基于信息通信技术的远程教育相互补充、相互整合的现代终身教育体制发展。一次性学校教育的理念已经被持续性终身学习的理念所替代。在高等教育领域，从 1088 年欧洲创立博洛尼亚（Bologna）大学以来，21 世纪以前的各国高等教育基本是沿着精英教育的路线发展的，这也包括自 19 世纪末创办京师大学堂以来我国高等教育短短一百多年的发展史。然而，自 20 世纪下半叶起，尤其在迈进 21 世纪时，以多媒体计算机和互联网为主要标志的电子信息通信技术正在引发教育界的一场深刻的革命。高等教育正在从精英教育走向大众化、普及化教育，学校教育体系正在向终身教育体系和学习型社会转变。在我国，党的十六大明确了全面建设小康社会的目标之一就是构建学习型社会，即要构建由国民教育体系和终身教育体系共同组成的有中国特色的现代教育体系。

教育史上的这次革命性转型绝不仅仅是科学技术进步推动的。诚然，以电子信息通信技术为主要代表的现代科学技术的进步，为实现从校园课堂面授向开放远程学习、从近代学校教育体制向现代终身教育体制和学习型社会的转型提供了物质技术基础。但是，教育形态演变的深层次原因在于人类社会经济发展和社会生活变革的需求。恰在这次世纪之交，人类社会开始进入基于知识经济的信息社会。知识创新与传播及应用、人力资源开发与人才培养已经成为各国提高经济实力、综合国力和国际竞争力的关键和基础。而这些仅仅依靠传统学校校园面授教育体制是无法满足的。此外，国际社会面临的能源、环境与生态危机，气候异常，数字鸿沟与文明冲突，对物种多样性与文化多样性的威胁等多重全球挑战，也只有依靠世界各国进一步深化教育改革与创新，促进人与自然的和谐发展才能得到解决。正因为如此，我国党和政府提出了“科教兴国”、“可持续发展”、“西部大开发”、“缩小数字鸿沟”以及“人与自然和谐发展”的“科学发展观”等基本国策。其中，对教育作为经济建设的重要战略地位和基础性、全局性、前瞻性产业的确认，对高等教育对于知识创新与传播及应用、人力资源开发与人才培养的重大意义的关注，以及对发展现代教育技术、现代远程教育和教育信息化并进而推动国民教育体系现代化，构建终身教育体系和学习型社会的决策更得到了教育界和全社会的共识。

在上述教育转型与变革时期，中国人民大学一直走在我国大学的前列。中国人民大学是一所以人文、社会科学和经济管理为主，兼有信息科学、环境科学等的综合性、研究型大学。长期以来，中国人民大学充分利用自身的教育资源优势，在办好全日制高等教育的同时，一直积极开展远程教育和继续教育。中国人民大学在我国首创函授高等教育。1952年，校长吴玉章和成仿吾创办函授教育的报告得到了刘少奇的批复，并于1953年率先招生授课，为新建的共和国培养了一大批急需的专门人才。在20世纪90年代末，中国人民大学成立了网络教育学院，成为我国首批现代远程教育试点高校之一。经过短短几年的探索和发展，中国人民大学网络教育学院创建的“网上人大”品牌，被远程教育界、媒体和社会誉为网络远程教育的“人大模式”——面向在职成人，利用网络学习资源和虚拟学习社区，支持分布式学习和协作学习的现代远程教育模式。成立于1955年的中国人民大学出版社是新中国建立后最早成立的大学出版社之一，是教育部指定的全国高等学校文科教材出版中心。在过去的几年中，中国人民大学出版社与中国人民大学网络教育学院合作策划、创作出版了国内第一套极富特色的“现代远程教育系列教材”。这些凝聚了中国人民大学、北京大学、北京师范大学等北京知名高校学者、教授、教育技术专家、软件工程师、教学设计师和编辑们广博才智的精品课程系列教材，以印刷版、光盘版和网络版立体化教材的范式探索构建全新的远程学习优质教育资源，实现了先进的教育教学理念与现代信息通信技术的有效结合。这些教材已经被国内其他高校和众多网络教育学院所选用。中国人民大学出版社基于“出教材学术精品，育人文社科英才”理念的努力探索及其初步成果已经得到了我国远程教育界的广泛认同，是值得肯定的。

2005年4月，我被邀请出席《中国远程教育》杂志与中国人民大学出版社联合主办的“远程教育教材的共建共享与一体化设计开发”研讨会并做主旨发言，会后受中国人民大学出版社的委托为“21世纪远程教育精品教材”撰写“总序”，这是我的荣幸。近几年来，我一直关注包括中国人民大学网络教育学院在内的我国高校现代远程教育试点工程。这次，更有机会全面了解和近距离接触中国人民大学出版社推出的“21世纪远程教育精品教材”及其编创人员。我想将我在上述研讨会上发言的主旨做进一步的发挥，并概括为若干原则作为我对包括中国人民大学出版社、中国人民大学网络教育学院在内的我国网络远程教育优质教育资源建设的期待和展望：

- 21世纪远程教育精品教材的教学内容要更加适应大众化高等教育面对在职成人、定位在应用型人才培养上的需要。

● 21 世纪远程教育精品教材的教学设计要更加适应地域分散、特征多样的远程学生自主学习的需要，培养适应学习型社会的终身学习者。

● 在我国网络教学环境渐趋完善之前，印刷教材及其配套教学光盘依然是远程教材的主体，是多种媒体教材的基础和纽带，其教学设计应该给予充分的重视。要在印刷教材的显要部位对课程教学目标和要求做明确、具体、可操作的陈述，要清晰地指导远程学生如何利用多种媒体教材进行自主学习和协作学习。

● 应组织相关人员对多种媒体的远程教材进行一体化设计和开发，要注重发挥多种媒体教材各自独特的教学功能，实现优势互补。要特别注重对学生学习活动、教学交互、学习评价及其反馈的设计和实现。

● 要将对多种媒体远程教材的创作纳入到对整个远程教育课程教学系统的一体化设计和开发中去，以便使优质的教材资源在优化的教学系统、平台和环境中，在有效的教学模式、学习策略和学习支助服务的支撑下获得最佳的学习成效。

● 要充分发挥现代远程教育工程试点高校各自的学科资源优势，积极探索网络远程教育优质教材资源共建共享的机制和途径。

中华人民共和国教育部远程教育专家顾问

丁兴富

前　言

大学生应走进“智慧殿堂”

——大学生学习马克思主义哲学的意义

针对部分大学生对马克思主义哲学“不感兴趣”的情况，我在每次上课前都要做一个问卷调查，包括三个题目：

1. 你喜欢哲学吗？为什么？有人说哲学无用，你如何看待这个问题？

2. 你读过哪些哲学书？

3. 你知道哪些哲学家？其中你最喜欢谁的哲学思想？

关于第一个问题，有人说喜欢，因为哲学有用，它能给人以智慧；有人说不喜欢，因为哲学既抽象难懂，又不实用；还有人说既喜欢又不喜欢，喜欢是因为哲学有用，要不然为什么两千多年来有那么多人在研究哲学呢？不喜欢是因为哲学抽象枯燥，晦涩难懂。

关于第二个问题和第三个问题，大多数同学都回答：知之甚少或者一无所知。

从调查中可以看出，大学生们还不十分了解哲学，更不了解学习哲学的意义。对于哲学这座人类的“智慧殿堂”，他们大多还只是站在遥远的地方观望。面对这种状况，我会问：同学们，假若你还未曾进入哲学这座“智慧殿堂”，又有什么根据说“喜欢”或“不喜欢”哲学呢？你又怎么能够知道哲学“有用”或者“无用”呢？如果只是站在离哲学这座“智慧殿堂”十分遥远的地方观望，我们就永远不能达到真理的彼岸，更不能获得真正的智慧。

大学生为什么要学习哲学呢？要回答这一问题，就要从大学生的培养目标和未来历史使命说起。

从大学生的培养目标看，主要是实现思维能力的提高和思维方式的转变。大学之所以称为大学，不是因为其有大楼，而是因为其有大师。大师越多，大学培养的高才生就越多；大学培养的高才生越多，大学的社会地位就越高。大师之所以被称为大师，是因为其有丰富的、系统的知识，有新思想，有创新的素质和能力。大学生之所以被称为大学生，是因为他们在大学里学习，接受大师的教育和影响，从而能够在获得系统知识的同时获得思想上的飞跃，实现世界观、方法论和思维方式上的转变和思维能力的大幅度提高。

从大学生的未来历史使命看，大学生在毕业以后的能力优势主要表现在其理论基础比较厚实、思维方式比较先进、思维能力和理论创新能力比较强。在现实生活中我们会发现这样的情况：名牌大学的毕业生，特别是名牌大学的优秀毕业生，在刚进入工作岗位的一段时间内，其动手能力并不突出，创新能力并不能立即得到充分展现，但是，在实际工作岗位工作一段时间之后，情况就会出现变化，他们的动手能力、创新能力就会越来越突出，在工作中的竞争能力也会越来越强。出现上述情况的主要原因是什么呢？主要是因为这些名牌大学的学生大多在大学学习阶段打下了比较深厚的理论基础，特别是较好地完成了思维方式的转变和提高。

可以看出，大学生培养目标的实现和未来使命的完成都在很大程度上依赖于其较强的思维能力和正确的思维方式，依赖于其科学的世界观、方法论。要做到这一切，学习哲学是一条必由之路，因此，大学生在大学学习期间，不仅要学好专业知识，而且要特别重视公共基础知识的学习，尤其是要重视哲学知识的学习。

马克思主义哲学并不仅仅是马克思本人的思想，而是对整个人类哲学思想的科学总结和创新，是整个人类哲学思想的积淀和升华。我们学习马克思主义哲学，实际上是学习一种具有科学形态的世界观和方法论。

同学们，为达到你们在大学的培养目标，为完成你们未来的历史使命，必须在大学学习阶段培养自己的思维能力，同时实现思维方式的转变；必须在大学学习阶段积累丰富的知识和智慧；必须树立正确的世界观，掌握科学的方法论。让我们走近哲学，一起学习马克思主义哲学原理，一起走进“智慧殿堂”吧！

我们一走进哲学的智慧殿堂，一颗璀璨的智慧明珠就闪耀在我们面前，这就是马克思主义哲学，即辩证唯物主义（包括辩证唯物论、唯物辩证法、辩证唯物主义认识论和辩证唯物主义历史观）。这是人类思想的结晶，这是我们最宝贵的思想财富。最近我收到一位理工类大学生发来的电子邮件，他说：我们是理工科的大学生，为什么要学习这种思想的东西，马克思主义哲学只是些思想而已。我看了之后有些纳闷儿：难道思想的东西与大学生无关吗？为了弄清这个问题，我们从“大学是什么”这个问题说起。

清华大学原校长梅贻琦先生 1931 年在清华大学的就职演说中提到：一个大学之所以为大学，全在于有没有好教授。孟子说：所谓故国者，非谓有乔木之谓也，有世臣之谓也。我现在可以仿照说：所谓大学者，非谓有大楼之谓也，有大师之谓也。

梅贻琦先生的那句话经常被一些大学的领导引用以说明大学的本质，然而，他们在行动上却使大学在办学过程中走上了一条错误的道路：认为“大师”就是“教授”、“院士”等，因此，每个学校都千方百计去提高“教授”、“院士”等的拥有量。结果是有“教授”、“院士”等头衔的人越来越多，但学校的办学水平并没有多大提高。对这一现象进行思考之后，我们有必要在梅贻琦先生的那句话后面再加上两句：所谓大师者，非谓有“教授”、“院士”等头衔的人之谓也，有思想家之谓也。所谓思想家者，非谓知识传授者之谓也，有知识创新者之谓也。

各位大学生朋友们，我们到大学里来，一方面要学习专业知识，另一方面要学习一些思想。最能体现一个大学生素质的是他有没有创新思维能力、有没有新思想，而马克思主义哲学正是能够使我们树立正确的世界观、人生观和价值观并掌握科学方法论的学问。

马克思主义哲学的创始人和继承者，如马克思、恩格斯、列宁、毛泽东等，都是人类知识的创新者，都是思想大师，他们的智慧、他们的成就、他们的人格魅力至今都在吸引着我们！马克思主义哲学是对整个人类思想的批判继承和创新，是时代精神的精华，是人类智慧的结晶。让我们一起拿起这把智慧的钥匙，去打开自然界和人类历史的奥妙之门吧！

霍福广

2013年1月

目 录

第一章 什么是智慧

——哲学的性质和功能 …… 1

第一节 哲学的性质 …… 1

第二节 哲学的功能 …… 8

第二章 人类智慧巡礼

——哲学的基本问题和历史发展 …… 17

第一节 哲学的基本问题 …… 17

第二节 哲学的历史发展 …… 21

第三章 “千年思想家”留给我们的智慧

——马克思主义哲学的现代价值 …… 29

第一节 当代思想家对马克思主义方法论的肯定 …… 29

第二节 马克思主义哲学在当今世界的影响力 …… 31

第四章 用智慧救中国

——马克思主义哲学中国化给我们的启迪 …… 37

第一节 马克思主义哲学中国化的重要成果 …… 37

第二节 马克思主义哲学中国化给我们的启示 …… 46

第五章 坚持实事求是的思想路线
——从世界的物质性理解“实事求是” …… 50
第一节 世界的物质统一性原理 …… 50
第二节 世界物质统一性原理与实事求是的思想路线 …… 56

第六章 “矛盾法则”与人生智慧 …… 59
第一节 唯物辩证法的实质与核心 …… 60
第二节 唯物辩证法的结构与体系 …… 74

第七章 真正的“智慧”来自实践 …… 92
第一节 实践及其对认识的决定作用 …… 92
第二节 认识的辩证过程 …… 98
第三节 真理与价值 …… 101

第八章 马克思的“发现”
——人类社会也是物质运动 …… 105
第一节 历史唯物主义和历史唯心主义 …… 105
第二节 生产方式对社会发展的决定作用 …… 108

第九章 “神秘”的社会并不神秘
——社会结构新探 …… 113
第一节 社会的经济结构 …… 114
第二节 社会的政治结构 …… 116
第三节 社会的文化结构 …… 119

第十章 是谁创造了人类世界
——群众的智慧 …… 122
第一节 社会基本规律 …… 122
第二节 社会发展的动力系统 …… 126
第三节 群众是历史的创造者 …… 128

第十一章 智能化生产力的“魔力”
——人类从哪里来，到哪里去 …… 132
第一节 智能化生产力 …… 132

第二节 智能化生产力对生产关系的影响 …… 134
第三节 智能化生产力与人的全面发展 …… 136

参考文献 …… 143
后记 …… 144

第一章

什么是智慧

——哲学的性质和功能

关于哲学的性质，这里有特殊的含义，是指哲学与其他具体科学相比，尤其是与技术相比，具有“非实用”性、“非功利”性和“智慧”性。我们研究哲学的性质，弄清它在什么意义上有用，目的是让大学生认识到学习哲学在自己成长过程和整个人生中的重要意义，从而激发其学习哲学的兴趣和在实践中应用哲学的积极性，使他们成为具有较高哲学素质和深刻思想的优秀人才。

第一节　哲学的性质

我们经常听到人说：哲学很玄，很难懂，或者哲学不实用，甚至哲学无用。在我看来，如此看待哲学的这些人要么是不知道什么是哲学，要么是对哲学有偏见，至少是没有弄清哲学是什么性质的学问。我们还是先来研究一下哲学的性质吧。

一、哲学的“非实用”性和“非功利”性

（一）哲学的“非实用”性

古希腊有一位在欧洲哲学史上产生过重大影响的哲学家，他的名字叫亚里士多德。马克思称他为“古代最伟大的思想家”。恩格斯认为他是古希腊哲学家中“最博学的人物”。他是怎样理解哲学性质的呢？他认为，哲学并不是一门生产知识，因此，人们研

究哲学是为了摆脱无知和追求智慧，而不是为了实用。① 我非常佩服和赞赏这位古代哲人对哲学性质的深刻见解，因为他真正道出了哲学的根本性质，即哲学是一种“智慧之学”，是“非实用”知识。

哲学是大智慧、大学问，不是一种实用技术，但不实用不等于无用。下面我举例说明这个问题：在现实生活中，我们经常看到一些大军事家，他并不是实际操作能力很强的人，好比说，毛泽东同志是伟大的军事家、战略家，但是，谁见毛泽东打过枪？他可能会打枪，可能不一定打得准，但是他是战略家。为什么说他是战略家、军事家呢？他主要是从军事理论、军事哲学的高度去研究和运用战争中的根本规律，能够把握战争中的主要矛盾和矛盾的主要方面。他掌握了智慧，有战略眼光，这就够了，不用去拿枪。还有《三国演义》里的诸葛亮，也是一个军事天才，是伟大的军事家、战略家。但是谁见过诸葛亮扛着大刀或是拿着弓箭？没有。我们见到的诸葛亮是什么形象？手拿羽翎扇，或是坐在长案之前，或是踱步于军帐之中，但是司马懿听到诸葛亮这个名字就害怕。他一人能胜过千军万马，他能用“空城计”吓退敌人的几十万大军。

诸葛亮用的是智慧，不是具体的技术知识，这就是哲学的作用之所在，它和实用的知识不是一种性质。有人说邓小平是“务实派”，其实，任何一个高层领导人都不可能去“务实”，只能是在思想上务实。邓小平对中国人民的最大贡献不是他在江西劳动的时候做出的，而是他回到北京后做出的，是思想层面的邓小平理论，这是他留给我们最珍贵的财富。在中国解放战争时期，毛泽东指挥“三大战役”是在大后方，越是高层指挥人员，离战场就越远，因为他们没有必要去战场，他们完成任务靠的不是实用的、技术层面的东西，而是智慧层面的东西，是战略思想。他们的主要任务是在了解实际情况之后的“纸上谈兵”，而不是在战场上冲锋陷阵。哲学是在最深刻的层面上也是在最高层次上把握客观事物及其规律性，因此，哲学往往被看做是“务虚”的东西。这并不是说哲学就不“务实”，哲学的务实只能是“务实哲学”，是指导人们务实的世界观和方法论。

在日常生活中，我们学习掌握了正确的世界观和方法论，在思想上、行动上就有了正确的方向和目标，就会表现出更多的智慧和能力。现在有些老年人相信鬼神之类的东西，与这种思想相对应的世界观就是唯心主义、封建迷信的方法论，他们生了病，首先不是去医院找医生，而是求神拜佛，这显然不是一种聪明的做法。要是得了不危及生命的病倒也没问题，求神拜佛最多也就是花点钱、浪费点时间而已，但如果是得了急性脑膜炎、急性肺炎甚至SARS之类的病，求神行吗？恐怕“神”还没到，“鬼”就先来了。有些人相信上帝，作为一种信仰无可厚非，但是，把它作为一种世界观、方法论却是唯心主义的，是错误的，如果用这种世界观、方法论去指导思想和行动就会显得十分愚蠢了。

---

① 北京大学哲学系：《西方哲学原著选读》上卷，119页，北京，商务印书馆，1981。

在现实生活中，一些相信上帝的人在请求医生看病的同时，求上帝保佑自己或他人是没有问题的，因为有科学作保障；如果没有科学这个保障，只是求上帝帮助，结果就可想而知了。美国前总统布什先生访华时，有人问他信不信上帝，他说信，但他马上补充说：相信宗教要与政治分开。现实生活中，我们不能依靠一种错误的世界观、方法论获得智慧，必须学习和掌握科学的世界观、方法论，这是我们获得智慧的重要途径。

（二）哲学的“非功利”性

德国古典哲学的重要代表人物、形而上学唯物主义哲学家费尔巴哈这样说过：动物只为生命所必需的光线所激动，人却关注那遥远的星辰所发射出来的无任何功利性质的光线。当我们遥望星空、追问宇宙万物的本质是什么的时候，当我们追问人类社会发展的动力是什么的时候，当我们追问人为什么活着的时候，我们就已经在进行哲学思考了。

哲学的任务从某种程度上说是“追根求源”，使人类摆脱无知和愚昧。哲学不满足于对世界万物表面现象的认识，也不为纷繁复杂的现象所迷惑，它把现象作为“向导”，深入到事物的内部，探讨和把握事物的深层本质；哲学也不像各门具体科学那样，只“割取”客观世界的一部分作为研究对象，而是把整个世界作为研究对象，通过对自然知识、社会知识、思维知识的概括和总结，把握整个世界的普遍本质，认识其中的一般规律。哲学在世界观层次上为人们提供认识世界、改造世界的根本方法，即方法论。总之，哲学是大智慧、大学问，懂了哲学道理就抓住了事物的根本。

哲学的“非功利”性并不是说哲学对人类没有任何功利，只是说它对人类没有直接的功利。实际上，人类实践活动离不开哲学。人和动物最本质的区别是有无自觉性，人类自觉性的最高表现就是确立正确的世界观或者有正确的哲学信仰。有了正确的世界观，才能有正确的信仰和远大的目标，才能在实践中少走弯路；如果没有正确的世界观，就会出现信仰危机，就会失去远大目标，就会迷失前进方向，在实践中就会走弯路，甚至误入歧途。

无论在社会科学领域还是在自然科学领域，凡是做出突出成就的人，都是有正确哲学信仰支持的。马克思和恩格斯在创立马克思主义学说的时候，曾经受到各方面的攻击和迫害，但是，他们有坚定的哲学信仰，敢于做“解放全人类”的大事业。马克思在他的《资本论》第一卷第一版序言的最后，引用了伟大诗人但丁的一句话：走你的路，让人们去说吧！可见其信仰之坚定。有了坚定的哲学信仰，就不会被眼前的利益所诱惑而放弃远大理想，马克思本来学的专业是法律，完全可以获得比较好的职业和收入，可以过上比较安逸的生活，但是，为了“解放全人类”的伟大事业，他放弃了这一切，即使在生活十分困难的情况下也从未退却。毛泽东在红军面临绝境的情况下，依靠坚定的信仰，鼓舞红军将士勇敢地完成了举世闻名的两万五千里长征，并最终取得了解放全中国的胜利。这些做法都不是从功利出发的，但是，最终目的又与某种功利联系在一起，或者说是为了更大、更长远的功利，是为了最广大群众的根本利益。

在自然科学领域，正确的哲学信仰可以使科学家产生向未知领域挑战的勇气和克服困难的毅力。爱因斯坦曾把哲学看做是“全部科学研究之母”。于光远是经济学专家，钱学森是火箭专家，他们都很注重哲学研究，都特别强调哲学对具体科学研究的指导作用，因为，无论哪一门科学，如果不用哲学去统帅，达不到哲学的高度，其本身也就缺乏深度。我记得自己在考取了“马克思主义哲学”专业博士研究生后，刚入学便受到各方面的“歧视”，很多人当面问过我这样的问题：你学这个专业毕业以后做什么？在与同学的交往过程中，也有些受到“冷落”的感觉，但是，到第二年开始准备做博士论文的时候，我的房间里便逐渐“热闹”起来，来访的同学越来越多。为什么？因为他们的导师要求他们加强与哲学专业同学的交往，学习一些哲学思维，使他们的论文更有深度。在这种要求下，一些同学对哲学的“热情”和对我本人的热情都高涨起来，我也因此感到了哲学在现实生活中的价值和间接的“功利”。

二、哲学的“智慧”性

（一）研究哲学的目的是追求智慧

哲学源自希腊语 philosophia，由“爱”和“智慧”两个词组成，意思是“爱智慧”。在汉语中，“哲”字也是“智慧”、“明智”的意思。[①] 什么是智慧？人们对此有不同的说法。《新华字典》是这样解释智慧的：对事物能迅速地、灵活地、正确地理解和解决的能力。《辞海》则是这样解释智慧的：对事物能认识、辨析、判断处理和发明创造的能力。在我看来，智慧就是人的认识能力和实践能力的高度统一。智慧型的人才具有很强的思维能力，能迅速地认识世界；具有很强的实践能力，能有效地改造世界。

哲学作为一种特殊的思维方式，具有高度的抽象性和概括性，是对人处理和驾驭外部生活世界的认识和实践活动成果进行的反思、总结与概括。[②] 可见，哲学就是“爱智慧”，是研究智慧、追求智慧的学问，是使人聪明的学问。学习和研究哲学可以使人获得更多智慧，可以使人在实践活动中逐步聪明起来。但是，在我看来，只有那些反映了客观事物规律性的哲学才能给我们真正的智慧，才能使我们真正聪明起来；相反，如果没有反映客观事物的规律性，只是某些人主观的臆想或者说是歪曲事实地对“客观世界”的反映，那么，这种哲学不但不能使我们聪明起来，反而会使我们更加愚蠢。马克思曾说过：任何真正的哲学都是自己时代精神的精华。马克思在这里所说的“真正的哲学”就是指那些反映当时现实生活的本质和规律的哲学，是时代精神的“精华”部分，而不是指所有的被称为“哲学”的东西。只有真正的哲学才能给我们真正的智慧，那些

① 参见《哲学大辞典》，1 923 页，上海，上海辞书出版社，2001。
② 同上书，2 108 页。

脱离实际的所谓“哲学”只能将人们引向歧途。那么，哲学为什么能给人以智慧呢?

（二）哲学能给人以智慧

1. 哲学是理论化、系统化的世界观

什么是世界观？世界观是人们对整个世界的根本观点。世界观乍听起来好像很神秘、不好理解，其实不然，世界观就在人们的日常生活之中，与人们的日常生活息息相关。在日常生活中，人们对其周围的世界都有自己的看法，其中那些根本的看法、那些支配着人们思想和行动的关于世界的根本观点就是世界观。我从小生长在农村，记得小时候老人常跟我们讲：我们生活在其上的“地”像一个大圆盘，“天”像一口锅盖在上面；天有十八层，地有十八层；天上是天堂，住着神仙，地下是地狱，住着阎王。这就是一种世界观，是一种人们靠自己长期的生活观察、想象、猜测等而逐渐形成的世界观。然而，类似这样的世界观只是一些零散的、不系统的、不稳定的、尚未理论化的世界观，这样的世界观还不是哲学。

同样是关于神创造世界的看法，《圣经》认为，天主在起初创造了天地。下面我们来看一下天主创造天地是多么容易：

> 起初，大地还是混沌空虚，深渊上还是一团黑暗，天主的神在水面上运行。天主说：“有光！”就有了光。天主见光好，就将光与黑暗分开。天主称光为“昼”，称黑暗为“夜”。过了晚上，过了早晨，这是第一天。天主说：“在水与水之间要有穹苍，将水分开！”事就这样成了。天主造了穹苍，分开了穹苍以下的水和穹苍以上的水。天主称穹苍为“天”。天主看了认为好。过了晚上，过了早晨，这是第二天。天主说：“天下的水应聚在一处，使旱地出现！”事就这样成了。天主称旱地为“陆地”，称水汇合处为“海洋”。天主看了认为好。天主说：“地上要生出青草，结种子的蔬菜和各种结果子的树木，在地上的果子内都含有种子！”事就这样成了。地上就生出了青草，各种结种子的蔬菜和各种结果子的树木，果子内都含有种子。天主看了认为好。过了晚上，过了早晨，这是第三天。天主说：“在天空中要有光体，以分别昼夜，作为规定时节和年月日的记号。要在天空中放光，照耀大地！”事就这样成了。天主于是造了两个大光体，较大的控制白天，较小的控制黑夜，并造了星宿。天主将星宿摆列在天空，照耀大地，控制昼夜，分别明与暗。天主看了认为好。过了晚上，过了早晨，这是第四天。天主说：“水中要有蠕动的生物，天空中要有鸟飞翔！”事就这样成了。天主于是造了鱼和水中各种孳生的蠕动生物以及各种飞鸟。天主看了认为好，遂祝福它们说：“你们要孳生繁殖，充满海洋；飞鸟也要在地上繁殖！”过了晚上，过了早晨，这是第五天。天主说：“地上要生出各种生物，即各种牲畜、爬虫和野兽！”事就这样成了。天主于是造了各种野兽、各种牲畜和地上所有的各种爬虫。天主看了认为好。天主说：“让我们照我们的肖像，按我们的模样造人，叫他们管理海中的鱼、天空的飞鸟、牲畜、各种野兽、在地上

爬行的各种生物。”天主于是照自己的肖像造了人：造了一男一女。天主祝福他们说：“你们要生育繁殖，充满大地，治理大地，管理海中的鱼、天空的飞鸟、在地上爬行的各种生物！”天主又说：“看，地面上结种子的各种蔬菜，在果内含有种子的各种果实，我都给你们作食物；至于地上的各种野兽，天空中的各种飞鸟，在地上爬行的各种生物，我把一切青草给它们做食物。”事就这样成了。天主看了他所造的一切，认为样样都很好。过了晚上，过了早晨，这是第六天。这样，天地和天地间的一切点缀都完成了。到第七天，天主造物的工程已完成，就在第七天休息，停止了所做的一切工程。天主祝福了第七天，定为圣日，因为这一天，天主停止了他所进行的一切创造工作。①

这也是一种世界观，但它是一种唯心主义世界观的理论体系，是一种唯心主义哲学。

唯物辩证法认为：世界是物质的世界，这个物质世界处在有规律的不断运动和变化之中。精神现象只不过是物质的派生物，它依赖于物质而存在。世界上除了运动着的物质之外，什么都没有。这也是一种世界观的理论体系，是唯物辩证的世界观理论体系，即马克思主义哲学。

总之，世界观是人们对整个世界的根本观点。哲学将人们在社会实践活动中形成的世界观系统化、理论化，形成一定的哲学理论体系。这个体系全面而深刻地反映了客观世界及其规律性，因此，它能给人以智慧，并能使人坚定自己的信念。哲学把非系统的世界观理论化、系统化。当我们系统地学习了哲学知识以后，就掌握了这种系统化的世界观，当然能使我们逐步聪明起来。

2. 哲学是自然知识、社会知识和思维知识的概括和总结

世界非常复杂，反映这个世界及其发展规律的具体科学也非常复杂，但概括起来无非是三大类：自然知识（研究自然界及其发展规律）、社会知识（研究社会及其发展规律）、思维知识（研究思维及其发展规律）。哲学是自然知识、社会知识和思维知识的概括和总结，这从另一个角度说明哲学能够给我们以智慧，能够使我们聪明起来。自然知识、社会知识和思维知识都是各个学科的具体知识，但是哲学是对各个学科知识的概括和总结。

自然知识、社会知识和思维知识只是揭示某一个领域的客观规律，而哲学则要求把这些所有学科的共同规律揭示出来。哲学与具体科学是共性与个性、一般与个别的关系，二者有区别也有联系。二者之间的区别在于：具体科学研究物质世界的某一方面及其规律性，而哲学则研究整个世界的本质及其规律性。二者之间的联系在于：哲学以具体科学为基础；具体科学以哲学为指导。就像一个宝塔，哲学在宝塔的最高处，把自然、社会和思维这三大领域的共同规律揭示出来。我们掌握了这些知识理论体系，可以

① http：//www.fangshanbbs.com/bbs/dispbbs.asp?BoardID=50&id=962。

居高临下去观察整个世界，当然能使我们更加聪明。例如，在现实生活中有阳电和阴电、正和负、多和少、前和后、左和右、理论和实践、感性认识和理性认识、生产力和生产关系等无数的复杂的关系，哲学上都把它们概括为“对立统一”关系，即“矛盾”关系。再如，世界上存在着各种各样的具有“客观实在性”的东西，花鸟鱼虫、飞禽走兽无所不有，但在哲学上可以用“物质”两个字概括出来。这是人类把握客观物质世界的特殊思维方式，也表现出了人类通过思想反映外界事物的特殊能力。哲学是人类认识之“网”上的“纲”，抓住了这个“纲”，就能从根本上认识纷繁复杂的客观事物。

从哲学是对自然知识、社会知识和思维知识的概括和总结来说，哲学是一门追根求源的学问，它能帮助我们从事物的现象看到事物的本质，使我们的认识步步深入。哲学不满足于对事物表面现象的认识，而是把现象作为“向导”，深入到事物内部，探求并把握事物的深层本质；哲学也不像各门具体科学那样，只“割取”客观世界的一部分作为研究对象，而是把整个世界作为研究对象，通过对自然知识、社会知识和思维知识的概括和总结，把握整个世界的普遍本质，认识其中的一般规律。哲学的任务就是要帮助人们抓住事物的根本。只有抓住了事物的根本，才能为人们提供关于客观世界的根本观点的理论体系，也就是世界观的理论体系，才能使人们真正摆脱无知和愚昧。

3. 哲学是世界观和方法论的统一

人们认识世界和改造世界的方法大体上可分为三个层次：哲学方法、科学方法、技术方法。其中，哲学方法是最根本的方法，称为“方法论”。那么方法论又是什么呢？简单说来，方法论就是人们处理问题、解决问题的根本方法。人们的世界观总是通过观察和处理具体问题的态度、方法表现出来。用一定的世界观为原则指导人们去观察、分析、思考和解决问题，就是方法论。简而言之，方法论就是人们认识世界、改造世界的根本方法。认识世界的根本方法就是我们通常所说的思想方法论；改造世界的根本方法就是我们通常所说的工作方法论。越是普遍的科学道理，就越需要哲学的统帅。科学研究的最高成就必然是哲学。

在哲学这个层次上，世界观和方法论是统一的：有什么样的世界观，就有什么样的方法论；世界观决定着方法论，方法论也总是体现着一定的世界观。世界观和方法论的统一，使抽象的哲学理论能够指导人们的思想和行动，使哲学与人们的生活息息相关，从而使人们更具有智慧。

既然方法论就是我们处理问题、解决问题的根本方法，那么掌握了这一根本方法，我们再去处理具体问题的时候，再去拿出具体办法的时候，是不是更加聪明呢？这是不言而喻的事情。哲学是给我们提供智慧的，不是提供具体知识的。智慧就是一种解决问题的根本方法，是在世界观的高度为我们提供一种方法论。它虽然不能为我们解决具体问题，但是它能够为我们提供解决具体问题最高的世界观和方法论。从世界观和方法论这个角度讲，它就是非常有用的。

在这里我们可以概括一下哲学的性质：哲学不是具体的科学技术知识、生产知识，是一种大智慧、大学问。懂得了哲学道理，就抓住了事物的根本；抓住了事物的根本，在分析问题、解决问题的时候，当然就显得更加聪明。

第二节 哲学的功能

哲学不是具体的科学技术知识、生产知识，是一种大智慧、大学问。哲学的这一性质决定着它的功能，具体说来，真正的哲学，即真正反映了客观世界普遍规律的哲学，具有其特有的功能。

一、"反思"功能

"反思"在英文中是反映，在德文中是反射，指反映、沉思等。德国古典哲学的主要代表人物之一黑格尔认为反思具有多种含义，其中一种含义是指自我意识，"只有在哲学的反思里，才将'我'当作一个考察的对象"。反思有时泛指对意识的形式加以反复思索。[①] 在这里，我们认为，反思就是人们通过对自身实践和认识的成果进行反复深入思考，形成更深刻思想的过程。从反思的对象来看，哲学的反思功能包括以下两个方面。

（一）对人类社会实践活动成果的反思

在现实生活中，有些人"三思而后行"，行后再三思，不断总结经验，并注意"前车之鉴"，使自己越来越聪明，越来越少犯错误；但是，有些人却不是这样，他们事前不思考，事后不总结，无视别人的"前车之鉴"，自己犯过的错误转眼即忘，重蹈覆辙，别人刚犯过的错误，他们又跟着犯。就这两种人而言，前者是有智慧的人，是有"哲学头脑"的人，后者则是缺乏智慧的人，是没有"哲学头脑"的人。前者比较聪明，后者比较"愚蠢"。苏格拉底说过：人可以犯错，但是不可以犯同一个错。在现实生活中也有反面的案例，例如有的领导者被称为"三拍"干部，即：拍脑袋决策，不进行详细的调查研究和科学预测，然后在实践中发现决策失误便拍大腿，大呼又交了一次"学费"，交完"学费"便拍屁股走人，不负任何责任；到下一次（如果有下一次的话）决策时，仍然是外甥打灯笼——照旧（舅）。这种不注意对人类社会实践成果进行反思的人，在现实生活中并不少见。

---

① 参见《哲学大辞典》，337页，上海，上海辞书出版社，2001。

大学生在大学里实习、实验，进行社会考察、调研等实践活动，目的是通过实践加深对所学理论知识的理解，但是，要达到这一目的，没有对实践成果的反思是不行的。如果大学生在实习、实验的过程中或结束后不认真进行总结、思考，不能概括出理论性的东西，对事物的认识就不会深刻，也不会继续深入下去，这种实习、实验、社会考察、调研等实践活动便收获不大，甚至一无所获。如果大学生在进行社会考察、社会调研的过程中只满足于“游山玩水”，不对社会现象进行认真观察与思考，活动结束后也不进行认真反思，不写调研报告或者说不进行总结、概括，得不出对社会现象的理性认识，那么，无论进行过多少次社会考察，无论去过多少个国家和地区，对社会的认识也是肤浅的、支离破碎的。

一个人，无论他资历有多深、威望有多大、官职有多高、知识有多渊博，都要不断对其实践活动成果进行反思，才能使自己的头脑丰富起来，才能使自己聪明起来，否则，也会做出很“愚蠢”的事情，甚至造成终生的遗憾。

（二）对认识活动成果的反思

“学而不思则罔，思而不学则殆。”古代人已经看到了“思”的重要性，这里的思当然也包括“反思”在内。大学生在大学里学习，不能仅靠记忆，更重要的是靠反思，即对前人认识成果的深入思考、探索。我们在大学里所学习的各种书籍都是别人认识的成果。我们在学习过程中，不能只是为了考试而去死记硬背一些所谓的“知识点”（当然该记住的东西还要记），而更应注重思考和理解，特别是反思。在对认识成果的反思方面，列宁是我们的榜样，由人民出版社出版的列宁的《哲学笔记》，反映了列宁在读书时善于反思的一些情况。该书汇集了列宁 1895—1916 年所写的有关哲学的读书摘要、评注、札记和短文。这些笔记以辩证法思想为中心，涉及认识论、逻辑学、历史唯物主义、哲学史和自然科学哲学等方面的问题，内容极为丰富。列宁在读书过程中对以往的哲学思想进行了反思，提出了许多自己的见解，如关于辩证法、认识论、逻辑学三位一体的思想，关于对立面的统一是辩证法的实质与核心的思想，关于认识的辩证法问题，关于辩证法的要素等，都是列宁在反思前人认识成果的基础上进行的理论创新。

二、从世界观、方法论的高度指导人类实践

哲学的反思功能可以为人们提供正确的世界观、方法论，这些世界观、方法论只有再回到实践中去，用于指导实践，才能得到检验并实现自身的价值。哲学对人类实践的指导，不是具体技术层面的指导，而是从世界观、方法论的高度对人类实践活动进行指导，也就是说，是从根本观点、根本方法上给予指导。在现实生活中，哲学起着“指南针”的作用，它给人们的实践活动指出一个大方向，作为人们实践活动方向的指引，使人们在具体目标还不明确的情况下也不至于偏离大方向。例如，古代人在大海

上航行，如果没有指南针就无法判断目的地在什么地方，只有凭借指南针才可以向着目的地所在的方向前进并最终到达目的地。哲学对人类实践活动的指导作用就像指南针对航海的作用。例如，唯物辩证法会告诉人们，世界是一个物质世界，并不存在什么“神”、“鬼”之类的东西；物质世界的运动、变化、发展是依靠自身的内在矛盾而不是依靠某种神秘精神力量的推动。根据这种世界观和方法论，我们在实践活动中就会相信科学，依靠群众去解决问题，而不是去求神拜佛。下面我们从不同层面考察一下哲学对人类实践的指导作用。

（一）哲学对社会变革的指导作用

真正的哲学作为时代精神的精华，在历史上大的社会变革中都起着“先导”的作用，以“头脑”的角色指导社会变革的主体完成其历史使命。20世纪70年代末的中国，酝酿了一场重大的社会变革。在历史的重要转折关头，哲学成了中国改革开放的先导。中国改革开放和现代化建设，首先是从“关于真理标准问题的大讨论”开始的。当时，“文化大革命”刚刚结束不久，人们的思想观念还没有转变过来，“文化大革命”中的许多极“左”思想还在严重束缚着人们的头脑，尤其是“两个凡是”（凡是毛主席做出的决策，我们都坚决拥护；凡是毛主席的指示，我们都始终不渝地遵循）的错误方针，是当时中国改革开放的最大思想障碍。不扫除这些障碍，中国的改革开放就无法进行。邓小平深谙马克思主义哲学的道理，知道马克思主义哲学对中国改革开放的重要指导意义。他首先从“关于真理标准问题的大讨论”入手，让全国人民尤其是党和国家的高层领导弄清到底什么是检验真理的标准。经过讨论，得出的结论是“实践是检验真理的唯一标准”，这是马克思主义哲学教科书中早就明确的观点。当时，中国人民实践中面临的重大问题是什么？是“吃饭”问题。要解决这一问题，就必须发展生产力，发展经济；要发展经济，就必须进行经济体制改革，搞活经济，对外开放。这样一来，中国的改革开放就顺利实现了。如果没有“关于真理标准问题的大讨论”，中国在改革开放过程中就会遇到许多意想不到的阻力或挫折。

20世纪90年代初，中国的改革开放已经进行了10多年，取得了很大的成绩，也遇到了前所未有的困难：在中国的南方，经济有巨大的发展，但有人认为广东的改革是“走资本主义道路”；在中国的北方，国有企业亏损严重，国家补贴也无济于事。在理论界，有人认为社会主义的本质是公有制。改革开放的现实却要求冲破单一的公有制。怎么办？邓小平以实事求是为指导思想，决定亲自到南方去看一看，于是便来到中国改革开放的前沿——广东省进行调查研究。他在珠江三角洲考察了生机勃勃的农村和经济繁荣的城市，最终得出结论：社会主义的本质就是解放生产力，发展生产力。这真正回答了“什么是社会主义”和“怎样建设社会主义”等问题，为中国深化改革开辟了道路。如果没有“实事求是”的哲学思想，不亲自到中国南方进行实地考察，只是在北京听汇报、看文件、开大会，邓小平就不可能正确回答“什么是社会主义”和“怎样建设社会主义”等问题，中国的改革开放就可能走弯路，甚至走“回头路”。

20世纪末、21世纪初，中国的改革开放和社会主义现代化建设都取得了举世瞩目的成就，但是也遇到了不少困难。在世纪之交，党和国家领导人在展望着国内外形势的变化，思索着中国在新世纪的发展。中国自改革开放以来发展很快，在世界范围内的影响越来越大，地位越来越高，但仍然属于“第三世界”国家，与发达国家的距离还很大，尤其是“人均”的资源、财富等方面的指标与发达国家相差很大。那么，如何才能在新世纪加快发展、缩小或者消除这种差别呢？在若干条件中，党的坚强领导是关键。党中央经过深思熟虑，认为从哲学高度解决世界观、方法论问题是加强党的建设的“突破口”。正是在这种背景下，党中央以唯物主义历史观为指导，提出了“三个代表”重要思想，强调按照“三个代表”重要思想建设中国共产党，首先从思想理论和组织上解决问题。江泽民同志的“七一”讲话全面论述了“三个代表”重要思想，为21世纪中国实现新的振兴奠定了理论基础。从“三个代表”重要思想的内容来看，中国共产党要始终代表中国先进生产力的发展要求，代表中国先进文化的前进方向，代表中国最广大人民的根本利益，其核心是代表中国最广大人民的根本利益，这正是唯物主义历史观的基本观点之一，是马克思主义哲学最主要的内容。

进入21世纪以后，中国的经济得到迅速发展，经济指标飞速增长，但是，改革和发展中也暴露出了许多突出问题和矛盾，如经济与社会、沿海与内地、东部与西部、城市与农村发展不平衡的问题，经济发展与环境保护的矛盾问题，社会分配不公与两极分化问题，这些越来越成为中国进一步发展的障碍。同时，中国共产党要领导全国各族人民完成中华民族伟大复兴的历史重任，原来的发展观已经不适应当前的新形势了。科学发展观正是在这种情况下、在总结了过去国内外发展中的经验教训后提出来的。所谓科学发展观，就是坚持以人为本，树立全面、协调、可持续的发展观，促进经济社会和人的全面发展。科学发展观实质上就是马克思主义哲学所主张的辩证发展观，即以全面、联系、发展的观点看待经济社会发展问题。科学发展观是关于经济社会发展的世界观和方法论，是以哲学指导社会变革的典范。

上述思想都闪烁着唯物主义和辩证法的光辉，都全面、深刻地体现了实事求是的精神。在中国改革开放和社会主义建设的关键时刻，马克思主义哲学起到了根本性的指导作用，保证了中国特色社会主义事业大方向的正确，避免了大的偏向和严重挫折。

（二）哲学对科学研究的指导作用

缺乏哲学思维的民族必然是浅薄的民族，其科学文化也必然会萎缩。随着科学研究的步步深入，科学研究与技术发展的关系也越来越密切，哲学对科学研究的指导作用也越来越明显。

人们认识世界和改造世界的方法大体上可分为三个层次：哲学方法、科学方法、技术方法。其中，哲学方法是最根本的方法，称为“方法论”。认识世界的根本方法就是我们通常所说的思想方法论；改造世界的根本方法就是我们通常所说的工作方法论。越是普遍的科学道理，就越需要哲学的统帅。科学研究的最高成就必然是哲学。诺贝尔奖获得者美籍华人杨振宁博士在香港给大学生作学术演讲时，题目是《物理学之美》，研究物理学中的美学，这已经进入“哲学”领域了。

从世界观、方法论的角度来看，哲学为科学研究提供的主要是一种思维方法。哲学家常被喻为猫头鹰，原因是猫头鹰能够在黑暗与混沌中看到其他生灵所无法看到的东西，哲人的“智慧”就在于此。在科技创新过程中，最需要的就是这种哲学的思维方式，就是“独具慧眼”的思维方式。科技创新过程中最有价值的就是发现别人发现不了的东西。①

哲学思维方法有两层意思：一是哲学本身直接将日常思维、科学认识中的各种方法加以提炼、总结、概括成新的思维方法，给我们以种种启迪和智慧，使我们洞察更深层次的本质，从而给人们以这样或那样的方法论指导，也就是世界观和方法论，如唯物辩证法。二是哲学理论本身、哲学的思考方式本身就是辩证思维的一般方法。辩证思维的一般方法包括：理性与非理性、归纳与演绎、分析与综合、抽象与具体、逻辑与历史等。这些哲学思维方法对科学研究具有重要作用。下面我通过一些著名科学家的论述来进一步说明哲学对科学研究的重要指导作用。

近代实验生理学的奠基人贝尔纳（后来转向研究科学社会学）对辩证唯物主义的评价包括：只有研究过这个问题（辩证唯物主义）的人才能看到，新方法中有多么丰富的发人深省的观念、有多少可供研究和系统归纳时加以使用的新工具有待于人们去加以利用。任何人只要读一下马克思、恩格斯或列宁的著作就会马上看出这一点来。不过在另一方面，辩证唯物主义可以起两个作用：启发人们的思路，以便获得特别丰硕的成果；统一规划和组织科学研究各分支相互之间的关系和科学研究各分支同包含这些分支的社会过程之间的关系。②

钱学森认为，伟大的创造来自科学的方法。年轻时，钱学森曾认真阅读了大量马克思主义著作。他多次跟学生讲：“我在科学上取得的一些成果，就是学习马克思主义哲学的收获。”他特别钦佩爱因斯坦、奥本海默等科学家，因为他们不仅献身于世界和平与人类进步事业，而且他们的思想都是辩证唯物主义的。辩证唯物主义正是钱学森不断超越他的同行、始终走在科学最前沿的“秘密钥匙”。在给一位朋友的信中，钱学森写道：“我近 30 年来一直在学习马克思主义哲学，并总是试图用马克思主义哲学指导我的工作。马克思主义哲学是智慧的源泉！”钱学森认为，一切科学研究都是以马克思主义哲学为指导的，因此，现代科学技术体系应该明确其最高的概括就是马克思主义哲学，也就是辩证唯物主义。③ 我们在这里所讲的哲学主要是辩证唯物主义哲学，我们所讲的

① 参见 http：//www. auto-detector. com/UploadFiles/200952985938411. doc。

② 参见［英］J. D. 贝尔纳：《科学的社会功能》，330～332 页，北京，商务印书馆，1982。

③ 参见曲志红、孙承斌：《人民科学家钱学森》，载《人民日报》，2001－09－25。

哲学思维也主要是辩证唯物主义的思维方法。

爱因斯坦认为，如果把哲学理解为在最普遍和最广泛的形式中对知识的追求，那么，显然，哲学就可以被认为是全部科学研究之母。[①] 爱因斯坦还认为，唯物辩证的世界观反映了量子力学和相对论的本质，马赫的唯心主义和形而上学的世界观妨碍了他的科学研究，他停留在经验整理，因此没有得出科学的结论。[②] “在我年轻的时候，马赫的认识论观点对我也有过很大的影响，但是，这种观点今天在我看来是根本站不住脚的。”[③]

坂田昌一说过：“如果理论物理学家能意识到自然辩证法，而且掌握了高度的逻辑学，那么他们在量子力学的形成中就有可能经历更平坦的道路。”[④] “我想谈一谈我的经典，特别想借用恩格斯的《自然辩证法》来谈一谈。恩格斯的这部著作，在我 40 余年的科学研究生活中，始终为我的研究工作不断地投射出瑰宝一样的光彩。”[⑤] 物理学家们不断在自然界本身的强制下，经历种种曲折，才摸索着走上了恩格斯、列宁早已预言过的道路，揭示了原子—原子核—基本粒子物质的这种层次结构，并且还发现了支配这些“层次”的新的运动规律，即相对论和量子力学。恩格斯曾说过：自然界是辩证法的试金石，辩证法的自然观被现代物理学重新发现了，显示了它新的发展。[⑥]

（三）哲学对经济活动的指导作用

我们知道，唯物辩证法的实质与核心是对立统一规律，即矛盾法则。例如，在宏观经济领域存在着生产与消费的对立统一关系。生产与消费是一对矛盾，是既相互对立又相互依存、相互促进的关系。从二者的对立来看，生产和消费的差别是明显的：生产与消费的目的、过程、结果都有很大差异，甚至完全相反。从二者的统一来看，生产和消费的界限便“模糊”起来，生产中有消费，消费中有生产——生产中消费生产资料，生产出产品（商品）；消费中消费生活资料，生产出新的劳动力。可以看出，二者相互依存、相互渗透、互为存在的条件。在现实生活中，生产和消费又是相互促进的：一方面，生产可以促进消费，有些商品是首先生产出来，然后才在社会生活中逐步成为普遍消费品的，如一些非生活必需品在刚开始流行的时候就是这样；另一方面，消费促进生产，消费得越多，生产得也就越多，如一些生活必需品往往是这种情况。这就是生产和消费的辩证法。

然而，在现实生活中，许多决策者却不懂得这个哲学道理，往往从主观愿望出发，

---

① 参见《爱因斯坦文集》，第 1 卷，519 页，北京，商务印书馆，1977。
② 同上书，2 页。
③ 同上书，9～10 页。
④ ［日］坂田昌一：《坂田昌一科学哲学论文集》，30～31 页，北京，知识出版社，1987。
⑤ 同上书，177 页。
⑥ 同上书，179～180 页。

任意割裂生产和消费之间的内在联系，只重视生产而忽视消费，在产生了经济问题的时候也不知道问题出在哪里，眼睛只盯着生产，在生产和流通领域找原因，结果收效甚微。例如，我国从20世纪90年代开始出现“市场疲软”现象，就在“拉动内需”上下工夫。“拉动内需”是对的，但是如何拉动就看决策人的智慧了。为了拉动内需，国家采取了一系列的措施：让老百姓买房，降低银行存款利息和加收利息税，提高高等学校收费标准，如此等等，但都未达到预期目的，原因是没有找到出现“市场疲软”的根本原因，没有看到人民群众的收入水平与国家整体生产水平不适应是主要矛盾，是产生“市场疲软”的重要原因。当然，也有专家学者提出了增加人民群众收入水平的问题，但没有得到决策者足够的重视。直到21世纪初，国家才真正重视这一点，在提高人民群众收入水平上下工夫，收到了显著效果。这是一个教训，我们从教训中学到了辩证法。2008年的“全球金融风暴”，我国在采取应对措施时注意到了消费方面的问题，但仍然没有过硬的措施，这说明重视生产而轻视消费的观念依然存在，应该引起有关决策者的注意，否则，会给本来就困难的国家经济造成不应有的损失。

同样，哲学对微观经济活动（企业经营管理）的指导作用也是显而易见的。1996年1月4日，《人民日报》头版头条对山东青岛海尔集团的腾飞进行了专题报道，题目是“哲学头脑的成功——海尔走名牌道路的启示”。为什么说海尔集团的腾飞是“哲学头脑的成功”呢？我认为原因至少有三个方面：第一，海尔集团的总裁张瑞敏先生曾经认真学习过哲学，有哲学的功底，在企业决策过程中表现出了他的哲学头脑。第二，海尔集团的一些经营理念表现出了其与众不同的智慧，也表现出了其哲学头脑。例如，四川的农民买了海尔的洗衣机，用它来洗土豆，洗衣机损坏了就去投诉。按常理，这种情况不是企业的责任，完全可以不负责任，但是，海尔却对洗衣机损坏的原因进行了认真调查研究，并赔偿了农民的损失，然后生产出一种多功能洗衣机，既满足了农民的要求，又开发出了一种新产品。再如，20世纪90年代，当菲律宾遭受金融危机、许多外国企业纷纷撤走的时候，海尔集团却“乘虚而入”，轻易占领了菲律宾的家电市场。第三，海尔集团有超前的管理理念和方法论，这就是哲学方法论。哲学对企业的指导作用越来越引起人们的重视，在法国出现了“哲学点化所”这样的服务机构，类似于企业管理顾问公司。企业有了问题，不仅找企业管理顾问公司，而且找“哲学点化所”，从更为长远、更为宏观的角度为企业在企业文化、企业哲学、企业经营理念等方面进行策划。实践证明，企业越是在危急关头，越是在面临重大选择或进行重大决策而又举棋不定的时候，就越需要哲学的“点化”。

三、为人们提供思维方法并训练人们的思维能力

真正的哲学，即正确反映了客观世界规律性的哲学，能够为人们提供正确的思维方法，并且能够训练提高人们的思维能力。对此，我们从以下两个方面进行阐释。

（一）为人们提供正确的思维方法

“就哲人而言，他们看到的可能性肯定有许多许多，但他们愿意指明的则相对较少，而他们能够证明的则绝无仅有”①，哲学只为我们提供思维的方法。虽然这里说“哲学只为我们提供思维的方法”未免有些过于片面，但是，哲学确实在为我们提供一种独特的思维方法。就辩证逻辑而言，哲学就是逻辑学，逻辑学就是思维方法之学。辩证逻辑是与客观世界的发展历史相一致的思维方法，而不是（像形式逻辑那样）一种脱离历史的纯粹的思维方法。列宁在研究了黑格尔的逻辑学以后说：真正意义上的哲学应当是大智慧，而且不妨是一些融在凡庸之中的大智慧。美国国务卿希拉里在学生时代曾面临过一道考题：你以何种心态对待失败？她的回答令人赞叹不已：“以哲学的心态。”这就是哲学思维方法。我通常倡导在用实用技术解决问题还不具备条件的时候，就用哲学的方法来解决问题。有时候是“被迫”用哲学的方法来解决问题，因为用其他方式解决问题的条件还不成熟。例如：有人认为将来退休比现在退休收入要低很多。我认为不可能，除非是整个社会在倒退。我虽然不知道以后的具体事情，但知道事情发展的大方向：事物总是向前发展的，社会总是进步的，人们的生活只能是越来越好，不会越来越差（只要不出现大的社会动荡）。这就是一种哲学的思维方法。

（二）训练提高人们的思维能力

德国弗莱堡大学哲学系的雅可比教授说过：“哲学并不会把现成的真理转交给你，至多只能为你的思维能力提供某种训练而已。”他的这番议论与德国存在主义哲学家雅斯贝尔斯所说的“没有哲学，只有哲思”非常相似。② 这些哲学家从不同角度说出了哲学对于人类思维训练的作用。哲学是追根求源的学问，进行哲学研究或学习哲学就是不断地追问“为什么”。难怪有人说孩子天生就是“哲学家”，有人说哲学的源泉来自人们对世界各种现象的“好奇心”。在这种“追问”和“好奇”中，人们对事物的认识就会越来越深刻，从而使人们的思维能力得到不断训练。如果说从“感性认识”到“理性认识”标志着人的认识深入的话，那么，从一般的理性认识上升到哲学则标志着人的认识达到了最高的抽象思维。进行哲学学习或者研究，不是一般人的认识能力就可以轻易做到的，它需要进行从易到难的哲学知识积累和哲学思维能力训练。经过长期训练之后，抽象思维能力就会逐步提高。如果习惯于用“哲学思维”进行思考了，那么，你的思维能力就比较强了。当然，思维能力的“强”与“弱”、“高”与“低”不能仅限于哲学思维能力，哲学思维能力只是标志着人们抽象思维能力的提高，而其他方面的思维能力如形象思维能力等还要经过其他方式的训练。

---

①② http：//www. cnphenomenology. com/modules/article/view. article. php/271。

1. 哲学是一种什么性质的学问？
2. 哲学的主要功能是什么？

第二章

人类智慧巡礼

——哲学的基本问题和历史发展

前面我们了解了哲学的性质和功能，知道了哲学是能够给人以智慧的学问，是使人聪明的学问，那么，哲学所研究的基本问题是什么呢？在人类思想史上，哲学是如何逐步放射出智慧之光的呢？让我们一起开始一次人类智慧的大巡礼吧！

第一节　哲学的基本问题

“思维对存在、精神对自然界的关系问题，全部哲学的最高问题，像一切宗教一样，其根源在于蒙昧时代的愚昧无知的观念。”① 在人类还处于蒙昧状态的远古时期，由于科学不发达，人们对于自己和自己的精神这两种现象背后的本质不了解，“灵魂不死”观念很普遍。人们对梦境中的事情是这样理解的：晚上做梦，梦到去这里去那里，第二天早晨又回来了，然后我们又醒来了。古人认为这是灵魂在梦醒以后又回到了自己的肉体。那么，人死了以后，灵魂哪里去了？到底人的灵魂和肉体是什么关系？这种观念长期困扰着人们，这就是最初的思维和存在的关系。这个问题是哲学史上每一个哲学家都必须面对的问题，也是他们必须要回答的问题。“全部哲学，特别是近代哲学的重大的基本问题，是思维和存在的关系问题。”② 以上就是恩格斯在他的《路德维希·费尔巴哈和德国古典哲学的终结》这部著作中提出来的哲学基本问题。

---

① 《马克思恩格斯选集》，2版，第4卷，224页，北京，人民出版社，1995。

② 同上书，223页。

一、哲学基本问题的“两个方面”

正如恩格斯所说，哲学的基本问题是思维和存在的关系问题，其实这里边还有很深刻的道理。哲学基本问题有两个大的方面：一是关于世界的本原问题，也即本体论问题。二是我们的意识和物质、思维和存在有没有同一性的问题，也即认识论问题。

（一）哲学上的本体论

哲学基本问题的两个方面，其中第一个方面讲的就是哲学上的“本体论”问题，它是我们用来区分唯物主义和唯心主义的一个标准。我们还是看一下当时恩格斯在《路德维希·费尔巴哈和德国古典哲学的终结》中是怎样讲的吧，原话是这样的：“哲学家依照他们如何回答这个问题而分成了两大阵营。凡是断定精神对自然界说来是本原的，从而归根到底承认某种创世说的人（而创世说在哲学家那里，例如在黑格尔那里，往往比在基督教那里还要繁杂和荒唐得多），组成唯心主义阵营。凡是认为自然界是本原的，则属于唯物主义的各种学派。”①

我们在区分唯物主义和唯心主义时应该注意：恩格斯在这里讲唯心主义和唯物主义这两个用语没有任何别的意思，它们也不能在别的意义上被使用。也就是说，我们只有在回答“世界本原”问题时才能使用唯心主义和唯物主义这两个用语，在现实生活中我们不能说谁重视思想工作谁就是唯心主义，谁重视物质条件谁就是唯物主义，不是这样来划分的。唯心主义在世界观、方法论上的错误不在于强调精神的作用，而在于它在强调精神作用的时候完全脱离了物质这个基础。辩证唯物主义也很重视精神的作用，但它是在重视物质条件的基础上重视精神的作用。

谈到唯物主义和唯心主义，有两个概念需要做一些说明，这就是一元论和二元论。一元论是指在世界的本原问题上，承认世界只有一个本原。凡是承认物质是世界的唯一本原的，就称为唯物主义一元论；凡是承认精神是世界唯一本原的，就称为唯心主义一元论。这是相互对立的两种一元论观点。二元论是指同时承认精神和物质都是世界本原。二元论的观点看起来貌似中庸、貌似公允、不偏不倚，实际上这种观点归根结底是唯心主义的。因为二元论认为精神是主动的，物质是被动的，说到底还是精神起着主导作用，追根溯源来说它是唯心主义。我们讲哲学史上归根结底是两大派别——唯心主义和唯物主义，其他的派别归根结底还可以归到这两大派别中。还有多元论，我们中国古代就有“阴阳说”和“五行说”，认为阴气、阳气或者说金、木、水、火、土是世界的本原。其实“阴阳说”和“五行说”也不是二元论，阴气、阳气都是物质，金、木、

① 《马克思恩格斯选集》，2 版，第 4 卷，224 页，北京，人民出版社，1995。

水、火、土也都是一些具体的物质形态。那么这些多元论归根结底都是属于朴素唯物主义的范畴，可以归到这两大派别。所以，从整个哲学史来看，还是分为唯心主义和唯物主义两大派别。

讲到唯心主义产生的根源，一般认为有三个方面，即历史根源、阶级根源和认识根源。

从历史根源来说，唯心主义产生和存在的原因在于生产力和科学技术不发达，以及脑力劳动和体力劳动的分离，脑力劳动者往往片面夸大精神的作用。

阶级根源指的是，在阶级社会中，唯心主义符合反动阶级（剥削阶级）的需要，他们需要用这种思想去控制人民的思想，往往夸大精神的作用，以达到统治的目的。

从认识根源来说，主观和客观、认识和实践的分离，片面夸大认识过程中的感觉、经验因素，把它们看成不依赖于物质的、第一性的，会导致主观唯心主义，片面夸大认识过程中的概念、理性因素则会导致客观唯心主义。

同学们经常有这样的疑问：为什么在美国这样科学技术各个方面都相当发达的国家，相信宗教的人仍然很多？在科技发达的国家，为什么唯心主义仍然盛行？很多人都觉得很困惑，好像和马克思主义哲学是相违背的，因为我们讲到唯心主义的根源的时候，有它的历史根源、阶级根源和认识根源，其中认识根源和阶级根源都容易理解，但是，历史根源中的生产力不发达、科学技术不发达的问题就难以解释了，这就是上面提到的这个问题：在美国这样科学技术很发达的国家，在整个社会的发达程度都很高的情况下，为什么对宗教的信仰还那么普遍？对于这种现象，我是这样分析的：根据马克思主义的观点，随着科学技术的发展，宗教、唯心主义会越来越少，最终将失去它们的地盘。这是正确的，因为像美国这样的发达国家虽然宗教看起来很盛行，但是，我们看问题要看它的实质，不要光看表面。美国人相信上帝，但在现实生活中，他们（从总统到平民）在处理问题的时候，绝对不会相信上帝会来给他们解决什么问题。

另外，宗教在发达国家越来越世俗化，宗教活动越来越成为人们的一种生活方式：老师叫我们去做好事和上帝叫我们去做好事实质是一样的。在现实生活中，上帝可能是一种道德约束力量。在科学越来越发达的今天，唯心主义“外壳”中也越来越包含着唯物主义的东西，实际上列宁在他的《哲学笔记》中也是这样讲的。大家都知道黑格尔是一个客观唯心主义者，但是列宁却说：在黑格尔的著作中，唯心主义最少，唯物主义最多。恩格斯在《路德维希·费尔巴哈和德国古典哲学的终结》中也讲了，凡是在唯心主义形式下能够说的事情，黑格尔都说过了，就是说黑格尔通过唯心主义的形式把真理说出来了。实际上，在这方面黑格尔对人类的贡献是非常大的。所以在这里我也提醒读者，不要一提唯心主义就认为它一无是处，把它全部否定，这不是马克思主义的态度。对唯心主义理论中有用的东西，我们要吸收过来。毛泽东也讲过这么一句话：唯心主义也有长处，这就是发挥人的主观能动性。辩证唯物主义同样强调发挥主观能动性。唯心主义错就错在它强调发挥主观能动性的时候忘记了物质条件，而辩证唯物主义是在承认客观条件的情况下发挥人们的主观能动性。我们都知道，有时候一种精神会鼓舞我们奋勇向前，但是这种精神必须符合实际，并且需要基本的物质条件。

（二）哲学上的认识论

哲学基本问题的第二个方面是讲哲学上的“认识论”问题，这是我们用来区分可知论和不可知论的一个标准。正像恩格斯所说的：“思维和存在的关系问题还有另一个方面：我们关于我们周围世界的思想对这个世界本身的关系是怎样的？我们的思维能不能认识现实世界？我们能不能在我们关于现实世界的表象和概念中正确地反映现实？用哲学的语言来说，这个问题叫做思维和存在的同一性问题，绝大多数哲学家对这个问题都作了肯定的回答。”① 以上是恩格斯关于思维和存在有无同一性这个问题的论述，根据对这个问题的不同回答，也形成了两种不同的观点：一个叫做可知论，一个叫做不可知论。可知论就是承认人的认识是可以把握现实世界的，也就是思维是可以把握存在的；不可知论不承认人的意识对存在的这种同一性，认为人的认识不能把握现实世界或者说不能完全把握现实世界（人只能把握现实世界的现象，而不能把握它的本质）。在近代哲学家中，休谟和康德就属于不可知论者。他们虽然在哲学史上起过很重要的作用，但他们否认人们认识现实世界的可能性，这就陷入了不可知论的错误。

休谟对感觉之外的任何存在都持怀疑态度，对外部世界的客观规律性和因果必然性持否定态度。康德把现实客观世界分为“现象”和“自在之物”两个部分，“自在之物”也就是现实世界的本质。康德认为这种“自在之物”是完全与我们感性认识的接受性无关的，是绝对离开人的认识的，换言之，我们只能认识现实世界的现象，而现实世界的本质是不可捉摸的，是永远不能被认识的。这样，康德就在现象和本质之间划了一道鸿沟。这种不可知论的观点随着科学技术的进步和人类实践活动的深入，越来越站不住脚。正像恩格斯所说的：“对这些以及其他一切哲学上的怪论的最令人信服的驳斥是实践，即实验和工业。既然我们自己能够制造出某一自然过程，按照它的条件把它生产出来，并使它为我们的目的服务，从而证明我们对这一过程的理解是正确的，那么康德的不可捉摸的‘自在之物’就完结了。”② 根据化学元素周期表，我们可以清楚地知道物质内部结构的那些元素的成分，能够认识原子内部的一些基本离子，并且能够按照它的规律，去把它重新用人工合成出来，去做出来。那还能说我们不知道它的本质吗？不可知论在科学实验面前，在工业生产面前，可以说是无处藏身了。在可知论看来，世界上只有未知的东西，没有不可知的东西。从人类认识的发展来看，人类有能力通过各种手段

---

① 《马克思恩格斯选集》，2 版，第 4 卷，225 页，北京，人民出版社，1995。
② 同上书，225～226 页。

去认识未知的世界。

二、研究哲学基本问题的意义

研究哲学基本问题的意义在哪里呢？研究哲学基本问题的意义在于：

（1）使我们把握区分唯物主义和唯心主义、可知论和不可知论的标准，我们区分唯物主义和唯心主义要从哲学基本问题去把握。

（2）哲学基本问题是我们了解整个哲学和哲学史的一把钥匙。如果对哲学基本问题搞不清楚，对整个哲学史就很难有一个总体的把握。按照毛泽东的说法，哲学史归根结底就是解决哲学基本问题的历史，即唯物主义和唯心主义、辩证法和形而上学斗争的历史。当然，有人说它太简单化了，我觉得不能这样讲，能把复杂的事情简单化是科学的需要。当然，我们学习哲学和哲学史的时候不能仅仅局限于此。但是我觉得这确实抓住了哲学和哲学史的关键，也就是说，从哲学基本问题去了解我们人类的哲学思想和哲学史就抓住了根本，这就是对整个哲学史的一个概括。

（3）在现实生活中，哲学基本问题是我们解决其他问题的前提。哲学基本问题——“唯物”、“唯心”的问题，看起来好像和我们的现实生活相隔很远，但是在我看来，它与我们的现实生活不是很远，而是很近，并且非常重要。如果我们在解决哲学基本问题的时候站到了唯心主义一边，我们在处理实际生活中的具体问题的时候，就会诉诸神灵，就会做出一些非常愚蠢的事情；如果站在了不可知论的立场上，就会低估人类的认识能力，失去探索未知世界的勇气。

第二节 哲学的历史发展

整个哲学史就是一个人类在认识和解决哲学基本问题过程中，使人的认识不断深入的历史。现在我们就去看一下哲学史上那些哲学家是如何来思考和研究哲学基本问题的。

哲学史上的哲学理论纷繁复杂，但是，不管多么复杂，最终都是两大派别，就是唯物主义和唯心主义。这里我们主要是考察唯物主义的发展史，当然，在讲到唯物主义发展的过程中，我们也会适当讲一些唯心主义的观点，因为它们在哲学史上是并行的、是相互斗争而发展的。

一、古代朴素的唯物主义

唯物主义在古代是一种什么形态？我们称其为“古代朴素的唯物主义”。古代朴素的唯物主义的基本观点就是在探寻世界本原这个问题上，去找一种或者几种具体的物质形态，把世界的本原归结于一些具体的物质形态或者原初物质。在古代，由于科学技术、生产力、社会都不发达，人们的思想相对来说也比较朴素，所以我们称它是朴素的唯物主义，即简单的、直观的唯物主义。朴素的唯物主义的特点可以归结为三点，就是直观性、猜测性、与辩证法相结合。

（一）朴素唯物主义的直观性

朴素唯物主义把一些具体的物质形态，如金、木、水、火、土等当做世界的“始基”或“本原”。古希腊最早的一位唯物主义哲学家泰勒斯把水当做世界的本原，赫拉克利特把火当做世界的本原，类似的观点很多。中国的“阴阳说”也是把一些具体的物质形态当做世界的本原。这种思想是他们在现实生活中通过直接观察得出来的。好比说泰勒斯，他不仅是科学家、哲学家，而且是商人，喜欢游历。在游历过程中，他看到大海，对大海的感受加上他对陆地上水的考察，于是产生了“水”是世界本原的朴素观念：大海中一望无际全是水；在陆地上，天上下雨有水，地下挖井有水，各种各样的生命都离不开水。所以，他得出结论：世界的本原是水。

（二）朴素唯物主义的猜测性

在古代，德谟克利特就提出了世界是由“原子”组成的观点。到了近代，科学家才发现了原子。德谟克利特在古代就提出世界是由原子组成的，他当时只是猜测。原子是什么？就是最小的、不能再分的东西，就是那种最原初的、最小的物质微粒。这是想象出来的、猜测出来的，谁也说不清。虽然现代科学研究证实原子是由中子、质子、原子核、电子等构成的，但当时德谟克利特还没有这么丰富的认识，只是猜测。这种猜测是非常伟大的。

（三）朴素唯物主义与辩证法相结合

古代朴素的唯物主义不像近代的唯物主义，不是和形而上学结合起来的，而是和辩证法自然地、自发地结合在一起的。这说明什么问题呢？客观事物本身就是辩证的。当我们真正面对客观事物的时候，就会发现它本身的变动性、辩证性。按其本性来说，客观事物是不断变化的，这种变化是有规律的，所以，赫拉克利特就说：世界不是神创造的，也不是人创造的，它是一团永恒的活火。火是燃烧的，它是动的东西，而且是按一定规律燃烧、按一定规律熄灭的永恒的活火。这就使唯物主义和辩证法密切结合起来：

火是物质的东西，那么，它又按一定的规律燃烧、按一定的规律熄灭，这就是唯物主义和辩证法的一个密切结合。在古希腊，在当时人们对神威崇拜的那个年代，在唯心主义盛行的那个年代，赫拉克利特的这些思想何等伟大！赫拉克利特还有一些关于辩证法的至理名言，例如：我们不能两次踏进同一条河流。这就很形象地说明了事物像河水一样不断变动。在日常生活中，我们一般认为，怎么不能两次踏进同一条河啊，我们村边那条河我踏进去很多次了。但是，赫拉克利特是这样解释的：当你第二次踏进去的时候，河水就变动了，不是原来的河水了。如果用通常的观点去看，好像是我天天踏进同一条河，事实上，我们看到的是表面现象，河是在那里，但水不是原来的水了。

学习辩证法要注意，这个变动性也应按照客观事物的规律去理解，不能把事物说成是变动不居的。赫拉克利特的学生克拉底鲁也说了一句话：人一次也不能踏进同一条河流。他想发展他老师的思想，说人一次也不能踏进同一条河流。这就是诡辩了，辩证法思想也好，真理也好，不能把它从这个极端一下推到那个极端，而是要按照事物发展的规律去适当地把握它的本性，才能真正抓住事物的本质。不能一会儿是这个极端，一会儿是那个极端，那就变成诡辩论了。辩证法和诡辩论没有绝对的界限，正像列宁讲的，哪怕你沿着真理的方向向前再迈一小步，就有可能变成谬误。

二、近代形而上学的唯物主义

唯物主义的第二种形态是近代形而上学的唯物主义，也称作机械唯物主义。形而上学唯物主义的特点，我们归结为三个方面：一是机械性，二是形而上学性，三是不彻底性。

（一）形而上学的唯物主义具有机械性

所谓机械性，就是用力学的、机械学的观点理论，按照机械运动的规律去解释各种事物、现象，尤其是解释人类社会的现象。当时力学在整个自然科学中占主导地位，是非常成熟的一门科学。最成熟的科学就是牛顿力学，所以，它在哲学界的影响也很大。这也验证了一点，哲学是对来自自然、社会和思维的具体科学的概括和总结。当时自然科学中，力学非常发达且深入人心，所以很多哲学家就认为，万事万物都是由机械运动来主宰的，都是机械运动。朱利安·奥夫鲁瓦·德·拉美特利是法国启蒙思想家、哲学家。拉美特利写了一本书叫做《人是机器》，他从物质具有运动力和创造力的基本观点出发，批判地继承了笛卡尔的“动物是机器”的思想，进一步得出“人是机器”的结论。他认为人就是一台机器：人的神经就是钟表（机械表）上的游丝（机械表中调节快慢的一个零件），人的关节好比钟表上的齿轮，人的心脏就是钟表上的发条。这就是完全用机械上的术语和思想去解释万事万物，所以称为机械性。

（二）形而上学的唯物主义具有形而上学性

所谓形而上学性，就是用片面的、孤立的、静止的观点来看问题的哲学观点。我们先来看一下“形而上学”这个概念。欧洲语言中的“形而上学”来自希腊语 metaphysics，意思是“物理学之后”。亚里士多德把人类的知识分为三部分，用大树作比喻：第一部分是基础的部分，也就是树根，是形而上学，它是一切知识的基础；第二部分是物理学，好比树干；第三部分是其他自然科学，好比树枝。可以看出，“形而上学”在古代是指一种“形而上”的知识，基础理论应该是属于“形而上”的东西；操作性的、技术层面的东西是“形而下”的知识。到了近代，在马克思主义哲学中，形而上学与辩证法相对立，就是用片面的、孤立的、静止的观点来看问题的哲学观点。这种观点只见树木，不见森林，只看到事物之间的对立，看不到它们的统一，有时候看到它们的统一但看不到它们的对立。形而上学的或者机械的唯物主义，是与当时的科学发展相适应的。当时的科学研究是分门别类地去研究事物的各个方面，以达到对事物的深入了解。这种方法现在仍然需要，好比说医院里分几个科，耳鼻喉科、内科、外科等，它们分别研究人的身体的不同部分。当时分门别类地研究事物是科学研究的需要，但是把这种方法拿到哲学中，把某一学科（比如力学）的研究方法当做一种普遍的方法论，就形成了形而上学的观点。

其实，我们也不要把形而上学方法看成是绝对错误的东西，在一定范围内它是正确的。在哪个范围内呢？当我们分门别类地研究事物的某一部分的时候，需要形而上学的方法，先分别研究事物的各个部分，研究透了各个部分，再研究各个部分之间的关系。但是，作为世界观、方法论，就要全面地看问题，不能只看某一方面。例如：有人眼睛看不见或者视力下降，到医院去看医生，只靠眼科医生有时候解决不了问题，因为有些器官发生病变的时候，会导致眼睛出现问题。比如肝出了问题，眼睛就会模糊；血脂过高的话，眼睛也会模糊；等等。假若在这些情况下，眼科医生光从眼睛这个角度去治眼睛，给患者点眼药水，甚至给患者动手术是无法解决问题的，所以要从眼睛和整个身体的状况去考虑眼睛问题。

（三）形而上学的唯物主义具有不彻底性

所谓不彻底性，就是指形而上学的唯物主义在自然观上坚持了唯物论，但是到了历史观上又回到了唯心主义。旧唯物主义在自然观上是唯物主义，但是看待社会历史的时候又成了唯心主义，这就是所谓的“半截子唯物主义”。在马克思主义哲学产生以前，所有的唯物主义者都存在着这种不彻底性，包括古代的那些唯物主义者，他们也是看自然界的时候是唯物的，但看人类社会的时候，看人类社会的发展动力、本质的时候，却是一种唯心主义的看法，没有看到人类社会发展的动力来自物质、来自经济基础，而是认为社会发展的动力来自帝王将相、英雄人物，认为是英雄人物的思想、理性、道德等因素推动着社会历史前进。这就是近代形而上学唯物主义的不彻底性。

历史走着奇怪的路：在古代，朴素唯物主义和辩证法思想自发地结合在一起，唯心主义则和形而上学思想结合在一起；到了近代，唯心主义和辩证法结合了起来，唯物主义则和形而上学结合了起来。近代唯心主义辩证法最有影响的代表人物是黑格尔，他是哲学史上辩证法的集大成者，在唯心主义形式下，他对整个人类认识的发展作了一个总结。费尔巴哈对黑格尔采取了形而上学的态度，就像泼洗澡水的时候把小孩也给泼掉一样，费尔巴哈在批判黑格尔的时候，将唯心主义和辩证法思想一起抛弃了。从这一点来看，形而上学方法何等愚蠢！马克思和恩格斯就不是这样，他们对黑格尔的唯心主义采取了科学的态度，唯物辩证地对黑格尔哲学进行改造，他们经常提到：我们是黑格尔的学生。列宁对唯心主义辩证法的评价也很高，他认为唯心主义是人类认识这棵大树上的一朵不结果实的花，不结果实的花也是有价值的。有些不结果实的花比结果实的花还美丽！不结果实的花也是人类认识的一种成果，也给我们人类认识增加光彩，所以，不能完全把它抛弃。黑格尔的唯心主义辩证法是马克思主义哲学原理的一个重要理论来源。所以，我们对待唯心主义哲学，不能采取形而上学的态度，近代唯心主义辩证法应该引起我们的重视。

三、现代辩证唯物主义

前面我们介绍了唯物主义发展的两种形态，那它的第三种形态又是什么呢？第三种形态，就是马克思主义哲学，即现代辩证唯物主义，或者叫辩证唯物主义和历史唯物主义。马克思的主要贡献在于历史唯物主义，这是马克思一生两大发现之一。这两大发现，一个是唯物史观，还有一个就是剩余价值学说。马克思主义哲学是辩证唯物主义和历史唯物主义。辩证唯物主义本身应该包含历史唯物主义，如果不包含，它就不是辩证的。这里为什么要用个“和”把它们连起来呢？我有这样的看法：历史唯物主义是马克思的贡献，要突出马克思的贡献，光讲辩证唯物主义很难突出这个贡献。因为辩证法和唯物主义在马克思之前都有，马克思的贡献是把这二者结合了起来。所以我们下面讲到马克思克服了旧唯物主义局限性的时候，就提到他完成了“四个统一”：唯物论和辩证法的统一，自然观和历史观的统一，科学性和革命性的统一，本体论和认识论的统一。如果不单独把这个唯物主义历史观提出来的话，那么这“四个统一”看不出他的突出贡献。唯物史观是马克思发现的，它不仅仅是“统一”的问题。

（一）唯物论和辩证法的统一

为什么说马克思把唯物论和辩证法统一起来了呢？从哲学史的角度来看，古代的唯物主义和辩证法是结合的，但是两者的结合没有科学基础，是猜测，是一种直观。到了近代，两者的结合有了科学基础，但是哲学家没有对这些科学成果进行正确的、科学的总结，又出现了形而上学和唯物主义的结合，而不是辩证法和唯物主义的结合，所以当时还是有局限性，这些哲学观点不能正确地指导人们去科学、有效地改造世界。马克思总结了整个人类哲学史上的一些经验教训，在当时科学发展的基础上完成了唯物论和辩证法的结合。

19 世纪自然科学的三大发现，即达尔文的生物进化论、细胞学说、能量守恒与转化定律，对于人类认识和把握客观世界的普遍规律具有重要意义：第一，生物进化论提出了生物进化的自然选择学说。该学说的要点是群体中的个体具有性状差异，这些个体对其所处的环境具有不同的适应性。由于空间和食物有限，个体间存在生存竞争，结果，具有有利性状的个体得以生存并通过繁殖传递给后代，具有不利性状的个体会逐渐被淘汰，即所谓的“优胜劣汰”。由于自然选择的长期作用，分布在不同地区的同一物种就可能出现性状分歧和导致新物种的形成。第二，细胞学说认为，细胞是动、植物有机体的基本结构单位，也是生命活动的基本单位。这一发现证明了整个生物界的统一性，细胞把生物界的所有物种都联系起来了，这是对生物进化论的一个巨大的支持，为辩证唯物论提供了重要的自然科学依据。生物进化论和细胞学说对于“上帝创世说”是致命的打击，它用科学的理论和雄辩的事实否认了上帝的存在和“上帝创世说”的荒谬。第三，能量守恒与转化定律是 19 世纪自然科学的一块重要理论基石。能量守恒的意义首要的是建立物质运动变化过程中的某种物理量间的等量关系。能量守恒与转化定律说明了有机界、无机界、自然界和社会都是联系在一起的。这些科学发现给马克思创立唯物辩证法提供了科学依据。

（二）自然观和历史观的统一

马克思之前的唯物主义不管在自然观方面是多么坚定，但是一进入历史领域，在历史观上就陷入了唯心主义，因此，他们的唯物主义是不彻底的，因为他们的自然观和历史观不统一，即：在自然观中是唯物主义，到了历史观中又成了唯心主义。另外，唯心主义辩证法也是不彻底的，包括黑格尔，他是辩证法的集大成者，他的辩证法也不彻底。例如，黑格尔认为，人类精神的发展，到了黑格尔哲学，就是人类发展的最高境界了。到了“绝对理念”，它就不发展了，这是最高境界了。那么再看社会发展，在黑格尔看来，发展到黑格尔当时所在的普鲁士王国，那也是人类社会发展的最高境界了，不再发展了，这不是自己使自己的辩证法思想窒息了吗？原因就在于黑格尔的唯心主义体系不注重事实，只是在概念中推来推去，最终是为当时的普鲁士王国作辩护，证明他自己是最伟大的哲学家、普鲁士国王是最伟大的统治者。所以这对思想发展来讲是一种悲剧，也是唯心主义的一种悲剧。

马克思完成了自然观和历史观的统一。他把社会历史也看成是物质运动的一种形式，认为社会历史是由生产力这种物质来推动的，生产力和生产关系的矛盾、经济基础和上层建筑的矛盾运动推动社会历史前进，这就揭示了人类社会发展的物质性和规律性。唯物论和辩证法也在这里体现出来了。这是马克思的一个很大的贡献。

（三）科学性和革命性的统一

科学性和革命性的统一是什么意思呢？马克思主义哲学所体现的科学性和革命性的统一，是在实践基础上的统一，离开实践就不能理解它的真正含义。这里讲的马克思主义哲学的科学性，是指马克思主义哲学的真理性，而这种真理性是在实践的基础上实现的：马克思主义哲学来自实践，是实践经验的概括和总结，同时不断接受实践的检验，在实践中得到修正、补充、发展。这里讲的革命性有两层含义：一是说马克思主义哲学对客观世界（自然界和人类社会）和主观世界（人的思想）的改造，就是对现实世界的改造，这只有在实践活动中才能完成；二是说马克思主义哲学的阶级性，公然申明自己是为无产阶级服务的，正如马克思所说："哲学把无产阶级当作自己的物质武器，同样，无产阶级也把哲学当作自己的精神武器"①。马克思主义哲学是与无产阶级的革命事业紧密联系在一起的，马克思主义哲学"改变世界"的实践性就是要改变现状，实现世界的革命化。马克思主义革命性和科学性是统一的：符合规律的才叫科学，事物的客观规律本身就是变动的，本身就蕴涵着革命性。

（四）本体论和认识论的统一

马克思主义哲学的历史贡献还有一个就是本体论和认识论的统一。什么叫本体论？本体论就是关于世界本原方面的理论。哲学上，关于世界本原问题，世界本原是精神还是物质的问题，就是本体论问题。在本体论问题上，马克思主义哲学是唯物主义的物质本体论，黑格尔哲学是唯心主义的精神本体论，费尔巴哈哲学也是唯物主义的物质本体论。然而，在认识论问题上，后两者都没有完全找到一个统一的基础。认识论是指哲学基本问题的第二个方面，认识论的问题就是我们的意识能不能反映这个世界、我们的认识能不能认识客观事物本质和发展规律性的问题。本体论问题和认识论问题怎样统一起来呢？马克思发现了一个很关键的概念、一个桥梁，这个桥梁就是实践。在我们的实践活动中，我们既认识到了世界的物质性，物质世界的运动和规律又使我们的认识不断发展、不断提高，这不就使本体论和认识论统一起来了吗？离开实践，认识就不能发展。所以马克思有一句话叫做：思想没有独立的历史。我们的思想没有独立的历史，离开我们的实践，离开我们的劳动，我们的思想就不能变化、发展。我们的思想之所以不断变化是因为我们不断地实践，不断地产生新的感性认识，并使之上升到理性认识。同时，还因为我们不断接受别人实践中获得的知识，这种认识是间接的，是通过别人的实践得到的认识。到底别人是不是实践得来的，在多大程度上是正确的，我们还是不知道，所以还是要自己亲自去检验，去实践一下，才能证明是不是正确的。所以，离开实践，本

① 《马克思恩格斯选集》，2版，第1卷，15页，北京，人民出版社，1995。

体论和认识论就找不到一个统一的基础。

马克思主义哲学实现了上述四个方面的统一，就使马克思主义哲学成为科学的、完备的唯物主义，成为人类哲学史上发展的第三种形态。

1. 什么是哲学基本问题？研究哲学基本问题有何意义？
2. 唯物主义发展的三种形态是什么？你从哲学发展史中得到了什么启示？
3. 如何认识马克思主义哲学的历史贡献？

第三章

“千年思想家”留给我们的智慧

——马克思主义哲学的现代价值

第一节　当代思想家对马克思主义方法论的肯定

复旦大学哲学系教授陈学明和马拥军博士所著的《走近马克思：苏东剧变后西方四大思想家的思想轨迹》一书中介绍了当今世界上的四大思想家，即法国的德里达、美国的詹姆逊、德国的哈贝马斯和英国的吉登斯对马克思主义方法论的肯定和坚持，从一个侧面反映了马克思主义哲学的强大生命力和当代价值。下面我们就这四位思想家对马克思主义的态度作简要的说明。

一、德里达的“忠告”

法国的德里达并不是一个马克思主义者，但在东欧剧变后，当反对马克思主义的声浪甚嚣尘上的时候，当一些自由主义者在宣布马克思主义“已经死亡”的时候，他却毅然举起了捍卫马克思主义的大旗，一再强调：“我挑了一个好时候向马克思致敬。”这说明了什么呢？这说明马克思主义是科学，作为科学的世界观和方法论，不管是不是马克思主义者，人们都会对它表示尊重。德里达在《马克思的幽灵》中指出：不能没有马克思，没有马克思，没有对马克思的回忆，没有马克思的遗产也就没有将来……不反复阅读马克思，将是一个理论的、哲学的、政治的责任方面的错误。这也是对我们的忠告。中国在马克思主义与中国实际相结合的历史进程中，也不是一帆风顺的：在中国新民主主义革命时期，马克思主义哲学与中国革命实践相结合，在理论上取得了重要成果，在实践中取得了重大胜利；在改革开放以前，尤其是在“文化大革命”期间，我们对马克思主义的重视甚至达到了“极度崇拜”的程度，但这种“崇拜”是一种形式上的崇拜，是唯心主义和形而上学对马克思主义方法论的任意肢解和歪曲；改革开放以来，经过拨乱反正，马克思主义实事求是的方法论又重新大放异彩，指引着中国特色社会主义道路的方向。但是，我们应看到，某些轻视马克思主义当代价值甚至认为马克思主义已经“过时”的思想倾向也是存在的，如果我们不充分估计马克思主义的当代价值，也有可能会犯“理论的、哲学的、政治的责任方面的错误”，那对于我们这样一个以马克思主义哲学作为世界观和方法论的、共产党执政的国家来说，将是非常不幸的事情。

二、詹姆逊的“辩护”

美国的詹姆逊一向以马克思主义者自居，在东欧剧变以后，他更加坚定、更加自觉地站到了马克思主义立场上为马克思主义辩护，他认为自己同马克思的联系出于兴趣。詹姆逊为什么会对马克思主义产生兴趣呢？因为他生活在资本主义国家，对资本主义制度存在的弊病比较了解，并且认为马克思主义可以为解决这些问题提供方法论。他在《论现实存在的马克思主义》一文中讲道：“马克思主义……是关于资本主义内在矛盾的科学……这意味着，庆贺资本主义市场体系决定性胜利的做法是不合逻辑的……庆贺马克思主义的死亡正像庆贺资本主义的胜利一样是不能自圆其说的。”在这里，詹姆逊所说的“不合逻辑”和“不能自圆其说”都是指不符合实际情况。实际上，“资本主义市场体系决定性胜利”只是一些人的错觉，美国发生的金融危机以及由此引起的世界范围内的经济震荡，都充分暴露了资本主义市场体系的固有弊病，而资本主义国家对这些弊病的纠正或调整，在某种程度上都向着马克思主义所预示的方向发展，如加强社会保障、加强国家对经济的宏观管理等。很明显，詹姆逊是一个比较“公正”的思想家，他看到了马克思主义的方法论在解决当前资本主义世界问题时的价值。

三、哈贝马斯的“辩证分析”

德国的哈贝马斯早年曾受苏联模式的马克思主义影响，后来又作为法兰克福学派的重要代表人物与非马克思主义者展开论战，但在形成自己理论的过程中对马克思主义产生了一些误解，在东欧剧变后，哈贝马斯重新致力于马克思主义的研究，向世人宣布：“我仍然是马克思主义者。”哈贝马斯在《追补的革命》一书中对当代社会主义运动的形势进行了辩证的分析，他认为东欧剧变并不意味着社会主义的失败。失败的只是苏联模式的“社会主义”，即官僚社会主义。在21世纪，社会主义仍然有着广阔的前景。哈贝马斯的这些看法还是比较符合实际的，马克思主义哲学作为科学的世界观和方法论，马克思主义作为无产阶级和全人类解放的科学，在实践过程中不可能是一帆风顺的，在社会主义道路上有一些挫折甚至失败都是不可避免的。在20世纪末期，苏联解体和东欧剧变后，虽然在世界范围内的社会主义运动暂时陷入"低潮"，但是，社会主义、共产主义的因素却在迅速增长，这是客观事实。

四、吉登斯的"看重"

英国的吉登斯作为社会理论家，始终坚持对马克思主义进行研究，在东欧剧变后，他说："虽然不再时髦，但我仍看重马克思。"为什么吉登斯会看重马克思呢？是因为马克思主义在当代仍然具有重要的价值。吉登斯的《第三条道路》一书是为资产阶级政党团体提供政策分析的，但他在寻找理论根据时却找到了马克思主义。他在书中说：社会民主主义者至少在某些观点上是与共产主义者相一致的——尽管他们把自己确定为共产主义的对立面。这也说明，马克思主义、共产主义是科学理论，它反映了人类社会发展的客观规律，因此，不管人们在主观上是否承认它，都必须遵循它的基本原理和方法。

上述四大思想家的共同点在于：在共产主义运动处于低潮、马克思主义受到冷落的时候，他们却明确地指出了马克思主义的当代价值。为什么？因为他们认为马克思主义主要是哲学，是一种分析社会历史问题的科学方法论。在这个意义上，马克思主义永远不会过时。① 在他们看来，马克思主义有一种批判精神，即马克思主义的内在精神表现为自我批判、自我更新，而这种批判精神正是马克思主义最有活力的部分。只要马克思主义同当代实际相结合，马克思主义就仍然会焕发出旺盛的生命力。②

第二节 马克思主义哲学在当今世界的影响力

一、马克思主义哲学的社会作用决定其影响力

说到马克思主义哲学的社会作用，我们将马克思主义哲学与西方哲学作一个比较。有比较，才有鉴别。通过比较，我们才能说明马克思主义哲学在社会作用方面的优势，才能说明马克思主义哲学在世界范围内的影响力。

---

① 参见陈学明、马拥军：《走近马克思：苏东剧变后西方四大思想家的思想轨迹》，北京，东方出版社，2002。

② 参见杨耕：《为马克思辩护》，556～557页，哈尔滨，黑龙江人民出版社，2002。

随着德国古典哲学的终结，哲学沿着两个不同方向发展：一是马克思主义哲学；二是现代西方哲学。

马克思主义哲学是以实践为基础的唯物论和辩证法的高度统一，是完整严密的科学体系。马克思主义哲学的社会作用主要表现在：马克思主义哲学是指导无产阶级和广大劳动群众科学地认识世界和改造世界，发展和完善自身，实现人的真正解放的世界观和方法论。马克思主义哲学作为无产阶级政党和广大劳动群众革命事业的指导思想，在世界范围内广泛传播，并指引世界上的主要大国——苏联和中国以及若干东欧和亚洲的国家走上了社会主义道路，在实践中的影响力是巨大的。

从人类历史上看，世界上存在过和现存的马克思主义政党执政的国家都有两个最基本的特征：一是政治上由信仰科学社会主义的共产党单独执政，国内不存在合法的反对党，但可以存在参政党；二是经济上以生产资料公有制（国家所有制或社会所有制）和按劳分配为主，但有时也允许多种所有制和多种分配方式并存。根据这个标准，人类历史上出现过的共产党国家有 26 个：民主德国、苏联、南斯拉夫、捷克斯洛伐克、匈牙利、保加利亚、蒙古、波兰、古巴、罗马尼亚、阿尔巴尼亚、格林纳达、刚果（布）、尼加拉瓜、安哥拉、朝鲜、莫桑比克、民主柬埔寨、贝宁、民主也门、中国、民主索马里、民主阿富汗、老挝、埃塞俄比亚、越南。目前，世界上约有 100 个国家存在着 127 个仍保持原名的共产党或坚持马克思主义性质的政党，党员总人数有 700 多万（不包括中国）。从地区分布看，亚洲 29 个，非洲 8 个，欧洲 55 个，大洋洲 3 个，美洲 32 个。党员人数过万的共产党有 30 个，执政和参政的共产党约 25 个。越南共产党、朝鲜劳动党、老挝人民革命党、古巴共产党是中国以外几个现存社会主义国家的执政党。①

一种以马克思个人的名字命名的理论竟然在世界范围内产生了如此大的影响，这是不多见的。

不能否认，现代西方哲学也在世界范围内产生了很大影响，但它并不是一个统一的哲学派别。现代西方哲学是对 19 世纪中期以来特别是 20 世纪中期以来西方资产阶级各种哲学流派的总称。现代西方哲学内部观点不同，思想各异。从思想倾向上看，现代西方哲学可分为两股大的思潮：人本主义思潮和科学主义思潮。人本主义思潮也称为非理性主义思潮，其早期代表主要是叔本华、尼采的唯意志主义，它把整个宇宙归结于自我生存欲望的冲动。现代西方人本主义中影响最大的流派是以萨特为代表的存在主义，它强调孤立的个人存在的意义，认为只有从这种个人存在出发，才能排除一切不真实的东西，恢复人的自由和尊严，并且提出用存在主义的人学去填补马克思主义哲学中存在的“人学空场”。现代西方科学主义思潮开始于孔德的实证主义，强调知识只能建立在经验范围内的“实证”的基础上，认为自己是“超越于唯物主义和唯心主义之上的唯一科学

① http：//blog. voc. com. cn/blog. php? do=showone&uid=3805&type=blog&itemid=466082。

的哲学”。

20世纪初以来主要流行于美国的实用主义（以杜威、詹姆士为代表）进一步把实证主义“商业化”，把知识归结为“行动的工具”，把真理归结为“有用”，在西方有相当大的影响。20世纪20年代至30年代兴起的逻辑实证主义否认有永恒的、必然的知识，以波普尔为主要代表的批判理性主义认为，一切科学理论只不过是一些大胆的猜想或假设，最终必定会被“证伪”。西方哲学的不少流派都以“超越”、“批判”、“补充”等形式与马克思主义哲学发生联系，其中有恶意的攻击，也有无意的“过失”和不足；有歪曲、颠倒马克思主义哲学的观点，也有许多有价值的批评。因此我们必须对现代西方哲学进行认真研究，从中汲取有价值的东西，不断丰富和发展马克思主义哲学。

同时，现代西方哲学由于受到现代科技革命和现代社会实践的影响，提出了许多很有价值的观点，这些对于我们丰富和发展马克思主义哲学具有重要的借鉴和参考价值。然而，现代西方哲学主要是为资产阶级经济、政治制度进行哲学论证，因此，它的社会作用总是受阶级立场的局限。从哲学发展的历史和哲学派别的演变来看，现代西方哲学就其总体而言仍未超出唯心主义和形而上学的范畴。从未来发展看，现代西方哲学所起的社会作用呈现出越来越弱的趋势，影响力越来越小；马克思主义哲学则越来越受到重视，其社会作用和影响力有越来越强的趋势。

二、从“千年思想家”评选看马克思主义哲学的影响力

中国人民大学教授张雷声和中国社会科学院马克思主义研究院教授冯颜利曾经就“马克思被评为千年思想家”进行过专题讨论，他们对马克思主义理论特别是马克思主义哲学在当今世界的影响进行了深入的分析。首先，他们介绍了关于马克思被评为“千年思想家”的四条新闻：1999年，由英国剑桥大学文理学院教授们发起，评选“千年第一思想家”，结果是马克思位居第一，而被习惯公认第一的爱因斯坦却屈居第二；1999年9月，英国广播公司（BBC）又以同一命题评选“千年第一思想家”，在全球互联网上公开征询投票一个月，汇集全球投票的结果，仍然是马克思位居第一、爱因斯坦第二；2002年，英国路透社又邀请政界、商界、艺术和学术领域的名人评选“千年伟人”，结果是马克思以一分之差略逊于爱因斯坦，但这并不影响马克思作为千年伟人的地位；2005年7月，英国广播公司又以古今最伟大的哲学家为题，向3万名听众作了调查，结果是马克思得票率第一、休谟第二。其次，他们对马克思主义哲学在当今世界的影响进行了深入的分析。他们引用挪威的投票者科里森的话说：“马克思启蒙了数以千计争取自由正义的斗争，他是现代政治思想之父。”他们还转引了西方媒体的观点，认为马克思主义“对过去一个多世纪全球的政治和经济思想产生了深刻的影响”。他们说，马克思给人类留下了大量的宝贵财富，在他的所有著作中，最有影响也是最受关注的就是

《共产党宣言》和《资本论》。

马克思与恩格斯合作的《共产党宣言》于1848年出版，这本书以警句式的美文阐述了马克思主义的基本原理，揭示了人类社会特别是资本主义社会产生、发展、灭亡的历史规律，探讨了未来社会的基本特征。《共产党宣言》问世160多年来，已用200多种语言在全球出版过，被公认为是传播最广的社会政治文献。毛泽东、周恩来、邓小平都把《共产党宣言》看做是自己学习和坚持马克思主义的入门老师。英美中学联盟列出了20本必读书，其中一本就是《共产党宣言》。张雷声和冯颜利两位教授还转述了路透社对“千年思想家”评选活动的评述：马克思的《共产党宣言》和《资本论》，对过去一个多世纪全球的政治和经济思想产生了深刻影响。我们要了解马克思，理解、坚持和发展马克思主义，就必须认真地去读《共产党宣言》和《资本论》。[1]

英国《经济学家》周刊曾刊登过一篇文章，题为《共产主义后的马克思》。文章指出：“马克思在许多方面都是正确的：比如资本主义的许多问题、全球化和国际市场、经济周期和经济决定思想的方式等。马克思很有先见之明。所以，请你务必丢弃苏联和东欧实施的共产主义，但千万不要丢弃马克思。”在今天的西欧和美国，以大学生和非专家为对象的关于马克思的书一直销量稳定，而且这方面的新书还在不断问世。比如，伦敦经济学院教授梅格纳德·德赛在名为《马克思的报复》的书中指出，马克思遭到了误解，这位伟人在许多问题上的看法都是正确的，他应该得到更多的承认。牛津大学出版社出版的《今天为什么要读马克思？》也提出了类似的观点。马克思是一位引人入胜的作家，一流的警句一句接一句。例如，在《共产党宣言》中广为传诵的最后几句话：“无产者在这个革命中失去的只是锁链，他们获得的将是整个世界。全世界无产者，联合起来！”[2] 在《资本论》中，马克思曾把资本描述成“死劳动，它像吸血鬼一样，只有吮吸活劳动才有生命，吮吸的活劳动越多，它的生命就越旺盛”[3]。这些话不仅令人难忘，而且非常中肯。

这些例子说明，马克思主义在现代还是非常有生命力的。在当今世界，马克思主义哲学的世界观、方法论越来越受到重视。

三、马克思主义哲学是当今时代精神的精华

一切真正的哲学都是时代精神的精华。哲学理论以高度概括和抽象的形式反映了当时人们的社会实践和历史条件，每个时代的精神都集中体现在那个时代的哲学之中。19世纪40年代以来，许多西方哲学派别都江河日下，但马克思主义哲学却在实践中不断

---

① 参见 http：//myy. cass. cn/file/2007101228858. html。

② 《马克思恩格斯选集》，2版，第1卷，307页，北京，人民出版社，1995。

③ 《马克思恩格斯全集》，中文1版，第23卷，260页，北京，人民出版社，1972。

发展，成为我们这个时代精神的精华。为什么？

（一）马克思主义哲学是人们行动的指南

马克思主义哲学不是教条，而是行动的指南。这里的“指南”，说明了马克思主义哲学发挥指导作用的方式：它不是指导人们进行实践活动的细节，而是为人们的实践活动指明大方向。就像一个人在森林里或者在沙漠里迷失了方向，依靠指南针就可以找到大方向，通过判断推理和正确的行动就可以找到出路一样。马克思主义哲学来自实践，又去指导实践，使自身充满了生机与活力，能够为人们的实践活动提供原则性的指导，为人们的实践活动指明大方向。

波兰哲学家、思想家沙夫，是波兰科学院哲学研究所所长、波兰统一工人党中央委员，由于宣扬人道主义的马克思主义，被开除出党，不受马克思主义者欢迎。很多人不承认他是马克思主义者。在东欧剧变之后，他仍然坚持自己是一个马克思主义者。他说，他是永远坚持马克思主义的。沙夫把马克思主义分为两个不同的层次：一是马克思主义的结论，甚至理论框架。在他看来，在这一层次上的马克思主义在一定程度上已失去时效。二是马克思主义的哲学观、哲学方法。在他看来，在这一层次上的马克思主义，即作为马克思主义灵魂的哲学观、哲学方法，要比马克思主义的结论甚至理论框架具有更大的价值，至今仍是“不可超越的”。沙夫对马克思主义现实意义的论证或者说对自己为什么仍然需要马克思主义的回答，重点放在了对马克思主义哲学观、哲学方法的现实意义的阐述上。当然，沙夫对马克思主义哲学的分析不一定完全正确，但至少从他重视马克思主义哲学这一点来说是值得肯定的。无论从历史——纵的方面来看，还是从现实——横的方面来看，我认为马克思主义的理论地位是不能被抹杀的，是其他的理论不可以代替的。所以，我们党——世界上最大的党，党员最多的一个党，必须把它作为指导思想。马克思主义哲学仍然是当今世界最伟大的理论之一，马克思是最伟大的思想家。马克思主义是人类思想的高峰，是人类思想的精华。

（二）当今时代需要马克思主义哲学

马克思主义哲学批判地继承了哲学史上的优秀成果，形成了正确的世界观和方法论体系。马克思主义哲学（特别是唯物史观）真正揭示了社会发展的客观规律，阐明了社会主义代替资本主义的历史必然性。

因此，用马克思主义哲学观点分析当代社会制度，可以得出新的结论。资本主义和社会主义仍然是当今时代两种最基本的社会制度。借助现代科技革命的成果和一系列内部改革措施，资本主义制度继续显示出一定的生命力，但是，马克思主义对资本主义社会发展规律的揭示以及对资本主义制度的批判都没有过时。社会主义曾经有过自己的辉煌时期，20 世纪 80 年代末出现了社会主义阵营的严重动荡，但不能因此就得出“社会主义道路走不通”的结论。只有用马克思主义哲学，用唯物辩证的观点去观察、分析这些问题，才能得出正确的结论。

用马克思主义哲学分析当今全球性问题，可以使我们在解决这些问题时找到新的突破口。所谓全球性问题是指直接关系全人类利益的一些重大问题，这些问题只有依靠世界各国（至少是大多数国家）的共同努力才能解决。当代的主题是和平与发展问题，这是最大的带有全球性的战略问题。围绕这一主题，还有一系列需要解决的全球性问题，如人口问题、环境问题、粮食问题、资源问题、社会经济可持续发展问题等，还会出现更多的全球性问题。这些问题都需要我们用马克思主义哲学观点进行分析研究，提出正确的思路和解决办法。

1. 如何理解马克思主义哲学的当代价值？
2. 如何看待“四大思想家”对马克思主义哲学的态度？

第四章

用智慧救中国

——马克思主义哲学中国化给我们的启迪

很多同学对马克思主义哲学很感兴趣，但苦于找不到学习马克思主义哲学的有效途径和方法。关于学习马克思主义哲学的有效途径和方法，我想谈一谈 2005 年暑假我去延安学习参观的体会。2005 年暑假，我按照学校的安排到中共中央党校学习一个月，其中有一周时间是到延安学习和调研。尽管我是第一次去延安，但其给我留下的印象却是最深的。为什么呢？就是因为在那里我依旧可以感受到实事求是的学风和民主的政治生活气氛，对马克思主义哲学中国化有了更深刻的理解。

马克思主义哲学中国化给我们的重要启迪就在于使我们懂得了这样的道理：发扬实事求是的学风是学习马克思主义哲学的最有效的途径和方法。在延安时期（从 1935 年到 1948 年），毛泽东结合当时的革命实践，对过去的革命历史经验进行了科学的总结，使中国共产党在理论上逐步成熟起来，形成了马克思主义与中国实际相结合的第一个重要成果，即毛泽东思想，后来又形成了邓小平理论和中国特色社会主义理论体系等一些重要成果。《中国共产党章程》中明确规定这些理论是我们党的指导思想，同时也是全中国人民的指导思想。下面我们简要介绍马克思主义哲学中国化的重要成果。

第一节　马克思主义哲学中国化的重要成果

所谓马克思主义哲学中国化，就是把马克思主义哲学基本原理即辩证唯物主义和历史唯物主义的世界观和方法论同中国具体实际相结合，在中国革命和建设的具体实践中加以运用，从而坚持和发展马克思主义哲学。马克思主义哲学中国化的历史进程可以简单表示为：传播—结合（运用）—发展。

一、毛泽东哲学思想举要

毛泽东哲学思想的精华是“实事求是、群众路线、独立自主”这十二个字。具体说来，毛泽东对马克思主义哲学的发展表现在以下几个方面。

（一）以实践为基础的马克思主义认识论

毛泽东重申“实践是认识论的首要的基本的观点”，深刻论述了认识和实践的辩证关系，明确指出：马克思主义哲学的认识论“是能动的、革命的反映论”。说到毛泽东哲学思想对马克思主义认识论的发展，我们知道，毛泽东在延安时期写了一篇关于马克思主义认识论的代表作——《实践论》。这里我们可能会有些疑问：关于马克思主义认识论的代表作，为什么要用“实践论”作书名呢？实际上，很多人不理解毛泽东的用意何在。毛泽东之所以用“实践论”作为阐述马克思主义认识论观点的书名，一是为了纠正当时革命队伍中存在的教条主义错误，二是为了突出马克思主义认识论的特点，即实践性。强调“实践第一”是马克思主义认识论的显著特点，也是辩证唯物主义世界观和方法论在认识论中的体现。

（二）唯物辩证法的矛盾学说

毛泽东深刻论述了马克思主义哲学的对立统一规律。毛泽东在延安时期还写了一篇关于唯物辩证法的矛盾学说的哲学代表作——《矛盾论》。作为《实践论》的姊妹篇，《矛盾论》针对教条主义的错误，重点论述了矛盾的特殊性问题，指出共性和个性、绝对和相对的道理是关于矛盾问题的精髓，并把它当做各项工作的指导性原则和方法。以“矛盾论”作为阐述唯物辩证法的矛盾学说的书名，也抓住了唯物辩证法的实质与核心。

（三）关于社会主义社会基本矛盾学说

毛泽东指出，社会主义社会的基本矛盾仍然是生产力与生产关系、经济基础与上层建筑之间的矛盾，在社会主义社会中存在着两类不同性质的矛盾，即敌我矛盾和人民内部矛盾，应将正确处理人民内部矛盾当做国家政治生活中的大事。毛泽东关于正确分析和处理人民内部矛盾的哲学思想，是对马克思主义哲学特别是辩证唯物主义矛盾学说的灵活运用和创新，可惜的是在“文化大革命”期间对这一思想运用得不好，将许多人民内部矛盾当作了敌我矛盾，这是惨痛的历史教训，需要我们认真思考和引以为戒。

（四）思想方法、工作方法和领导方法

毛泽东把马克思主义哲学运用于中国共产党的路线、方针、政策的制定，创造了一

套科学有效的思想方法、工作方法和领导方法，如调查研究、矛盾分析、阶级分析和群众路线的分析方法等。毛泽东关于思想方法、工作方法和领导方法的论述深入浅出、通俗易懂，但包含了深刻的哲学思想，在运用马克思主义哲学思想分析解决实际问题的同时，提出了具有中国特色的马克思主义思想方法论、工作方法论和领导方法论。这些方法论是从哲学高度提出的一些“根本方法”，它们可以在实践中转化为我们的具体方法，使我们在解决问题的时候更具有智慧。

毛泽东哲学思想是中国共产党人用马克思主义哲学指导中国实践的智慧结晶，在马克思主义哲学发展史上占有重要地位。毛泽东哲学思想的内容非常丰富，我们在这里仅仅是“举要”而已。

二、邓小平哲学思想概述

与毛泽东哲学思想相比，邓小平的哲学思想没有那么多的代表作，更没有“长篇大论”，但是邓小平理论中包含了丰富的哲学思想。邓小平的哲学思想以“解放思想，实事求是”为核心，以回答“什么是社会主义，怎样建设社会主义”为首要的、根本的问题，出色地发展了马克思主义哲学认识论、辩证法、历史观。具体有以下内容。

（一）强调实事求是在马克思主义哲学中的地位

邓小平用“实事求是”高度概括了马克思主义哲学的基本原理。他说：“马克思主义的辩证唯物主义和历史唯物主义，用毛泽东主席的话来讲就是实事求是。”“实事求是是马克思主义的精髓。”① 邓小平从世界观的高度深刻总结了搞社会主义的经验教训：“中国搞社会主义走了相当曲折的道路。二十年的历史教训告诉我们一条最重要的原则：搞社会主义一定要遵循马克思主义的辩证唯物主义和历史唯物主义，也就是毛泽东同志概括的实事求是，或者说一切从实际出发。”② 邓小平明确指出：“实事求是，是无产阶级世界观的基础，是马克思主义的思想基础。”③

邓小平特别强调了马克思主义与中国实际相结合的问题，提出了“学马列要精，要管用”④ 的思想原则。这里，“要精”就是要求学习马列主义要善于抓住其精髓，要把握其精神实质；“要管用”就是要学会运用马列主义的根本立场、观点和方法去分析和解决问题。一切要从实际情况出发，善于进行科学的调查研究，从我们要研究的客观事物本身找出其发展的规律性，这就是实事求是。说到实事求是，恩格斯曾指出：“原则不

① 《邓小平文选》，1版，第3卷，101页、382页，北京，人民出版社，1993。
② 同上书，118页。
③ 《邓小平文选》，2版，第2卷，143页，北京，人民出版社，1994。
④ 《邓小平文选》，1版，第3卷，382页，北京，人民出版社，1993。

是研究的出发点，而是它的最终结果；这些原则不是被应用于自然界和人类历史，而是从它们中抽象出来的；不是自然界和人类去适应原则，而是原则只有在符合自然界和历史的情况下才是正确的。”① 这里恩格斯强调说明了“原则”（即理论）与客观世界的关系，也说明了理论与实践的关系：“原则”是通过我们“研究”自然界和历史而得到的最终结果。

（二）强调实践观点和实践标准

邓小平在“文化大革命”之后，从世界观、方法论上进行了“拨乱反正”，重新确立了实践是检验真理的唯一标准，把实践观提到了世界观的高度，提出了实践是检验一切工作好坏的标准。

坚持实践标准是邓小平对“实事求是”思想路线的进一步发展，是实事求是思想的继续和深入。实践的观点是辩证唯物主义认识论的第一观点，也是我们党历来所倡导和坚持的思想方法和工作准则。在“文化大革命”期间，实践标准被抛弃了，领袖的言论成了判断是非的唯一标准。在“文化大革命”结束后，邓小平重新出来工作，首先倡导开展关于实践标准的大讨论，冲破了“两个凡是”的思想禁锢，坚持实践是检验真理的唯一标准，在新的条件下坚持、丰富和发展了辩证唯物主义认识论。邓小平在实际工作中特别强调实践是检验工作好坏的标准，他说：“我们开会，作报告，作决议，以及做任何工作，都为的是解决问题。我们说的做的究竟能不能解决问题，问题解决得是不是正确，关键在于我们是否能够理论联系实际，是否善于总结经验，针对客观现实，采取实事求是的态度，一切从实际出发。我们只有这样做了，才有可能正确地或者比较正确地解决问题，而这样地解决问题，究竟是否正确或者完全正确，还需要今后的实践来检验。如果我们不这样做，那我们就一定什么问题也不可能解决，或者不可能正确地解决。”② 邓小平将“实践是检验真理的唯一标准”这一马克思主义的基本观点应用于指导中国改革开放的具体实践，进一步提出了衡量社会主义本质和社会主义制度优越性的标准，即“生产力”标准和“三个有利于”标准，他曾经明确指出：“我们是社会主义国家，社会主义制度优越性的根本表现，就是能够允许社会生产力以旧社会所没有的速度迅速发展，使人民不断增长的物质文化生活需要能够逐步得到满足。按照历史唯物主义的观点来讲，正确的政治领导的成果，归根结底要表现在社会生产力的发展上，人民物质文化生活的改善上。如果在一个很长的历史时期内，社会主义国家生产力发展的速度比资本主义国家慢，还谈什么优越性？”③ “判断的标准，应该主要看是否有利于发展社会主义社会的生产力，是否有利于增强社会主义国家的综合国力，是否有利于提高人民

---

① 《马克思恩格斯选集》，2 版，第 3 卷，374 页，北京，人民出版社，1995。

② 《邓小平文选》，2 版，第 2 卷，113～114 页，北京，人民出版社，1994。

③ 同上书，128 页。

的生活水平。”[①] 在这里，“三个有利于”标准是对“生产力”标准的深化和发展，因为发展生产力是手段，增强综合国力和提高人民的生活水平才是目的。

（三）关于“发展”的观点

邓小平把马克思主义哲学的发展观用于指导工作实践，指出“发展才是硬道理”[②]；阐述了全面发展和重点发展的关系：要全面发展，但重点是发展经济；把改革开放作为社会主义社会发展的动力。这既是对辩证唯物论的具体运用，也是对唯物辩证法的灵活运用，在抓住了矛盾的主要方面和次要方面的同时，强调重点抓住矛盾的主要方面，坚持了“两点论”和“重点论”的辩证统一。

我们在理解邓小平的发展观点时要特别注意，他这里讲的“发展”不是盲目发展，更不是增长方式的粗放增长，他特别重视科学技术尤其是高科技在发展经济中的作用，认为“经济发展得快一点，必须依靠科技和教育”[③]。

（四）丰富和发展了历史唯物主义

邓小平深刻全面地揭示了社会主义的本质，认为社会主义的本质是解放生产力，发展生产力，消灭剥削，消除两极分化，最终达到共同富裕。讲到邓小平关于社会主义本质的理论，有些研究成果仅仅作了这样的表述：“社会主义的本质是解放生产力，发展生产力。”其实，这种表述是不对的，至少是不完整的。社会主义本质的表述应该包括两个方面：一是要发展社会主义的物质基础，即发展社会生产力；二是要在发展生产力的基础上改善社会主义的生产关系，即消灭剥削，消除两极分化，最终达到共同富裕。这二者是相辅相成的，生产力的发展是前提、基础，但毕竟不是最终目的，生产关系的改善、人民生活水平的普遍提高才是社会主义的最终目的。这是马克思主义的根本立场，即人民群众立场。在这一点上，邓小平是旗帜鲜明的，在关键时刻，他总是能够站稳立场，根本原因就是他具备深厚的马克思主义哲学的理论基础，对历史唯物主义能够自觉地运用和发展。另外，邓小平关于“科技是第一生产力”、关于“社会主义初级阶段”、关于“两个文明一起抓”等理论都丰富和发展了历史唯物主义。

（五）以“两点论”为核心丰富和发展了唯物辩证法

邓小平特别重视唯物辩证法在实际工作中的运用，特别是他对于唯物辩证法中的“矛盾分析方法”的运用更是一个典范。他在分析实践中出现的问题以及制定相关路线、方针、政策的时候，总是能够考虑到事物相互联系的各个方面，特别是相互对立又相互统一的各个方面。他的主要思想有以下几点。

---

① 《邓小平文选》，1版，第3卷，372页，北京，人民出版社，1993。

②③ 同上书，377页。

1. “一个中心，两个基本点”

邓小平在强调解放和发展社会生产力的同时，高瞻远瞩地指出：“要坚持党的十一届三中全会以来的路线、方针、政策，关键是坚持‘一个中心、两个基本点’。不坚持社会主义，不改革开放，不发展经济，不改善人民生活，只能是死路一条。”① 这是对改革开放的经验教训的全面总结，也是对中国共产党革命和建设经验的进一步思想提升和理论创新。这一条基本路线对党在社会主义时期的各项路线、方针、政策都有重大影响。

2. “一手抓改革开放，一手抓打击经济犯罪”

邓小平在《在武昌、深圳、珠海、上海等地的谈话要点》中谈到了这个问题：“要坚持两手抓，一手抓改革开放，一手抓打击各种犯罪活动。这两只手都要硬。”② 这里的“两手抓”，抓的是经济与政治，政治是经济的反映，政治是经济发展的保障，只抓经济不可能达到目的。“两手抓”充分体现了邓小平对经济基础和上层建筑矛盾关系原理的深刻理解和恰当运用。

3. “一手抓经济建设，一手抓民主法制”

市场经济是商品经济发展的高级阶段，市场经济是法制经济。如果法制不健全，市场经济的发展就会伴随经济犯罪，进而影响市场经济的进一步发展，因此，市场经济的存在和发展更有赖于法制，同时，市场经济的发展也会促使法制建设不断进步和发展。正是在中国市场经济有了一定发展、经济犯罪案件增多的情况下，邓小平提出：“搞四个现代化一定要有两手，只有一手是不行的。所谓两手，即一手抓建设，一手抓法制。”③

4. “一手抓物质文明，一手抓精神文明”

邓小平在1983年写的《建设社会主义的物质文明和精神文明》一文中明确指出：“在社会主义国家，一个真正的马克思主义政党在执政以后，一定要致力于发展生产力，并在这个基础上逐步提高人民的生活水平。这就是建设物质文明。……与此同时，还要建设社会主义的精神文明，最根本的是要使广大人民有共产主义的理想，有道德，有文化，守纪律。国际主义、爱国主义都属于精神文明的范畴。”④ 1992年邓小平在《在武昌、深圳、珠海、上海等地的谈话要点》中，又一次强调了这个问题：“广东二十年赶上亚洲‘四小龙’，不仅经济要上去，社会秩序、社会风气也要搞好，两个文明建设都要超过他们，这才是有中国特色的社会主义。”⑤ 从字面上看，这段话是针对广东省的情况讲的，但实际上是对中国特色社会主义建设的普遍要求。

如上所述，邓小平关于“两点论”的观点还有很多，它们之间有些是相互贯通、相互交叉的，我们在学习这些思想时要善于发现它们的内在联系，要善于发现其中闪耀着

---

① 《邓小平文选》，1版，第3卷，370页，北京，人民出版社，1993。
② 同上书，378页。
③ 同上书，154页。
④ 同上书，28页。
⑤ 同上书，378页。

的唯物辩证法的光辉。

三、中国特色社会主义理论体系中的其他哲学思想

中国特色社会主义理论体系主要是由邓小平理论、“三个代表”重要思想和科学发展观等构成的，是马克思主义与中国国情相结合的产物。邓小平理论所包含的哲学思想我们在前面已经作了专门阐述，下面要讲的主要是“三个代表”重要思想和科学发展观中所体现的哲学思想。

（一）“三个代表”重要思想对唯物史观的发挥

2000年初春，江泽民在广东省考察工作期间指出，总结我们党70多年的历史，可以得出一个重要的结论，这就是：我们党之所以赢得人民的拥护，是因为我们党作为中国工人阶级的先锋队，在革命、建设、改革的各个历史时期，总是代表着中国先进社会生产力的发展要求，代表着中国先进文化的前进方向，代表着中国最广大人民的根本利益，并通过制定正确的路线方针政策，为实现国家和人民的根本利益而不懈奋斗。[①] 上述思想经过后来加工、提升和系统化，逐步形成了“三个代表”重要思想的理论体系。在“三个代表”重要思想这一理论体系中，包含了深刻的哲学思想，下面我们就其中重要的方面进行阐述。

1. 唯物史观的具体运用和进一步发挥

为什么说“三个代表”重要思想是我们党的立党之本、执政之基、力量之源？从唯物史观来看，“三个代表”重要思想蕴含了社会基本矛盾是推动社会发展的根本动力、生产力是人类社会发展的最终决定力量、经济基础决定上层建筑和上层建筑对经济基础有巨大的反作用、人民群众是历史的创造者等基本原理。“三个代表”重要思想提出的“中国共产党始终代表中国先进生产力的发展要求”，是对唯物史观关于“生产力是社会发展源泉”理论的创造性运用和创新；“三个代表”重要思想提出的“中国共产党始终代表中国先进文化的前进方向”，阐明了先进文化对社会发展的重大作用；“三个代表”重要思想提出的“中国共产党始终代表中国最广大人民的根本利益”，充分尊重社会发展规律和人民群众的历史主体地位，始终坚持人民的利益高于一切，这是对“人民群众是历史的创造者”这一唯物史观重要思想的深化和发展。

2. 历史辩证法的生动体现

“三个代表”重要思想将“代表中国先进生产力的发展要求”放在首位，这是看到了“生产力是最活跃最革命的因素，是社会发展的最终决定力量。生产力与生产关系、经济基础与上层建筑的矛盾，构成社会的基本矛盾。这个基本矛盾的运动，决定着社会

① 参见杨振武：《江泽民在广东考察工作，强调紧密结合新的历史条件加强党的建设，始终带领全国人民促进生产力的发展》，载《人民日报》，2000－02－26。

性质的变化和社会经济政治文化的发展方向”。这种以生产力为源泉的社会矛盾运动，集中体现了历史发展的辩证法，深刻反映了社会系统结构和社会基本矛盾的运动机制。关于这一点，江泽民同志指出：“发展先进生产力，是发展先进文化，实现最广大人民根本利益的基础条件。人民群众是先进生产力和先进文化的创造主体，也是实现自身利益的根本力量。不断发展先进生产力和先进文化，归根到底都是为了满足人民群众日益增长的物质文化生活需要，不断实现最广大人民的根本利益。”从上面的话中我们可以看出，先进生产力、先进文化和最广大人民的根本利益是相互联系、相互影响的一个整体，是社会基本矛盾的具体体现，展现在我们面前的是一幅社会经济、政治、文化之间通过“决定作用”与“反作用”不断辩证发展的生动画面。

3. 唯物辩证的社会价值观

“三个代表”重要思想从唯物史观出发，把“代表最广大人民的根本利益”作为中国共产党一切活动的最高价值取向和价值评价标准。“我们党始终坚持人民的利益高于一切。党除了最广大人民的利益，没有自己特殊的利益。党的一切工作，必须以最广大人民的根本利益为最高标准。”不同的政党和个人有不同的社会价值观，“代表最广大人民的根本利益”是无产阶级政党的社会价值观，这是一种与剥削阶级社会价值观根本对立的社会价值观。这种以“最广大人民的根本利益”为最高价值取向和价值评价标准的社会价值观，是中国共产党永不枯竭的力量之源和旺盛的生命活力之所在。这种以“最广大人民的根本利益”为最高价值取向和价值评价标准的社会价值观，不仅是执政党的力量之源，也是每一个人的力量之源。

一个人，要想成就一番事业或者有一个幸福的人生，就要以“为最广大人民的根本利益而工作”为目标。马克思在《青年在选择职业时的考虑》一文中说：“如果我们选择了最能为人类福利而劳动的职业，那么，重担就不能把我们压倒，因为这是为大家而献身；那时我们所感到的就不是可怜的、有限的、自私的乐趣，我们的幸福将属于千百万人，我们的事业将默默地、但是永恒发挥作用地存在下去，而面对我们的骨灰，高尚的人们将洒下热泪。”① 在马克思看来，一个人，如果在考虑自己的职业时从“利己主义”的价值取向出发，只考虑“个人欲望”的满足，他是绝对不能成为伟大的人的，也是绝对不能得到真正幸福的。一个人，只有选择为“最广大人民的根本利益”而奋斗的职业，才能成为最高尚的人，才能得到真正的幸福，才能在工作中不怕困难，才能有“泰山压顶不弯腰”的精神力量。

（二）科学发展观中闪烁着唯物辩证法的光辉

1. 科学发展观是辩证发展观

科学发展观的第一要义是发展，但是，对于“发展”有不同的理解：有人认为发展

① 《马克思恩格斯全集》，中文1版，第40卷，7页，北京，人民出版社，1982。

就是简单的“增长”，将“发展是硬道理”简单地理解为“增长是硬道理”，不惜以牺牲资源、环境为代价追求国内生产总值（GDP）的增长，甚至弄虚作假，大搞所谓的“政绩工程”，这些都是对科学发展的错误理解。科学发展观本质上是一种辩证发展观。发展是质变，是新事物代替旧事物。经济发展是经济效益的提高，是经济的净增长，是群众生活水平和生活质量的提高，不只是GDP数字的增长。2003年10月召开的中国共产党十六届三中全会在审议通过的《中共中央关于完善社会主义市场经济体制若干问题的决定》中提出了科学发展观，并把它的基本内涵概括为“坚持以人为本，树立全面、协调、可持续的发展观，促进经济社会和人的全面发展”，坚持“统筹城乡发展、统筹区域发展、统筹经济社会发展、统筹人与自然和谐发展、统筹国内发展和对外开放的要求”。这里的“以人为本”、“全面”、“协调”、“可持续”、“统筹”等都是唯物辩证法的内容。科学发展观实质上就是辩证发展观，是按照客观事物发展的规律去“发展”的根本观点。

2. 科学发展观是系统发展观

科学发展观的根本方法是统筹兼顾。统筹法又称网络计划法，它是以网络图反映、表达计划安排，据以选择最优工作方案，组织协调和控制生产（项目）的进度（时间）和费用（成本），使其达到预定目标，获得更佳经济效益的一种优化决策方法。作为一种科学的世界观和方法论，科学发展观强调在发展中“统筹兼顾”的根本观点，要求在发展中不要出现“一条腿长，一条腿短”的现象。根据“统筹兼顾”的原则，科学发展就要做到统筹城乡发展、区域发展、经济社会发展、人与自然和谐发展、国内发展和对外开放；统筹中央和地方关系；统筹个人利益和集体利益、局部利益和整体利益、当前利益和长远利益；统筹国内国际两个大局。这种“统筹”，就是把发展的各种对象看作一个相互联系的系统，在发展过程中要“兼顾”各个方面，使它们形成最合理的结构，从而使这个系统发挥出最佳的“发展”功能。

3. 科学发展观是群众发展观

科学发展观的核心是“以人为本”。“以人为本”，作为中国共产党战略思想的核心，实质上就是以最广大人民为本。科学发展归根结底是最广大人民的发展，发展的出发点和落脚点是最广大人民的根本利益；科学发展的主体是人民，人民是社会物质财富和精神财富的创造者，也是自己利益的创造者。因此，科学发展获得的成果理所当然应该由人民共享。“以人为本”的观点与党的群众观点、群众路线是一脉相承的，相信群众、依靠群众、全心全意为人民服务、一切向群众负责、向人民群众学习等观点在这里都得到了深化和发展。在实践中落实科学发展观，必须坚持党的群众路线，注意在实践中形成新思路，在群众中寻求新办法，着力解决关系到人民群众切身利益的突出问题。这些观点绝对不是什么“唱高调”，而是当今世界上最先进的实践理念。作为一个先进的执政党必须有这样的执政理念；作为一个有志者，也应该有这样的工作和生活理念。只有为人民做事，才能做出成就，才能成就自己。

4. 科学发展观是求真务实的发展观

要真正全面落实科学发展观，就必须发扬“求真务实”的精神，坚决克服主观主义（教条主义和经验主义）、形式主义（片面追求形式而忽视内容的形而上学观点、方法和作风）、官僚主义（脱离实际，脱离群众，不顾群众利益，只知发号施令的坏作风。其表现有：不关心群众；独断专行，压制民主；部门林立，工作效率低；命令主义，事务主义，文山会海；等等）。科学发展的问题，不仅是一个重要的理论问题，而且是一个更重要的实践问题。如果不克服上述思想作风和工作作风问题，落实科学发展观就是一句空话。

第二节　马克思主义哲学中国化给我们的启示

一、“实事求是”是马克思主义哲学中国化的方法论

坚持“实事求是”的思想路线是马克思主义哲学中国化的方法论，即根本方法。我们要想真正把马克思主义哲学变成自己的世界观、方法论，要想学会自觉地运用马克思主义哲学去分析问题、解决问题，就要坚持“实事求是”的思想路线，一切从实际出发，经常深入实际，认真进行调查研究，在反复调查研究并占有大量材料的基础上，运用马克思主义哲学的世界观和方法论，运用马克思主义的基本立场、观点、方法去分析研究实际问题，解决实际问题。只有这样，才能真正学到马克思主义哲学的智慧。

1942 年，抗日战争已经进入“战略相持阶段”的后期，也是最艰苦的阶段。然而，党内长期存在着的“左”倾、右倾错误，特别是以教条主义为主要特征的“左”倾错误，还没有来得及从思想上彻底清算，党内的主观主义、宗派主义和党八股等现象还较为突出。这些都是中国共产党领导中国抗日战争和新民主主义革命胜利的大敌，不战胜这些思想上的敌人，中国革命就不能顺利完成，因此，中国共产党在以延安为中心的全党范围内开展了一场深入的马克思主义教育运动，这就是著名的延安整风运动。整风运动的内容是反对主观主义以整顿学风，反对宗派主义以整顿党风，反对党八股以整顿文风。整顿“三风”，就是要在全党树立一切从实际出发、理论联系实际、实事求是的马克思主义作风。在整风运动期间，1943 年 12 月，毛泽东特意为中央党校大礼堂落成题词：“实事求是”。

延安时期形成了毛泽东思想的重大理论成果。马克思主义哲学中国化，逐渐形成了一个新的理论体系。当时，毛泽东写了《中国革命战争的战略问题》、《矛盾论》、《实践论》、《抗日游击战争的战略问题》、《论持久战》、《中国共产党在民族战争中的地位》、

《〈共产党人〉发刊词》、《中国革命和中国共产党》、《新民主主义论》等。其中，《实践论》和《矛盾论》深入浅出、理论联系实际地阐述了马克思主义哲学的认识论和辩证法思想；《抗日游击战争的战略问题》和《论持久战》则是运用唯物辩证法分析研究抗日战争重大问题的光辉典范。对于游击战争，当时很多国民党军官都不把它当回事，在整个世界战争史上也没把它当做重要的战争形式，特别是没把它提到战略的高度，但是，毛泽东同志根据中国抗日战争的实际，把这种大家都认为不是很重要的战争形式提高到了战略的地位，这靠的就是马克思主义哲学，靠的就是唯物辩证地去思考问题，把马克思主义的普遍原理——唯物辩证法运用到抗日战争这个具体的实践中去。当时因为中国的军队实力比较弱，国民党正面战场的正规战争节节败退，相对于强大的日本帝国主义只能搞游击战争。毛泽东总结了这些经验之后，根据中国的实际唯物辩证地看待抗日战争，把游击战争提到战略地位，这就是创新，是马克思主义中国化典型的事例。除了毛泽东以外，当时中国共产党的一些其他高级领导人和理论家，如刘少奇、周恩来、艾思奇、李达等，都在积极进行调查研究和理论探索，为马克思主义哲学中国化做出了重要贡献。

从延安到现在，在马克思主义哲学中国化的过程中坚持“实事求是”的思想路线，将“实事求是”作为马克思主义哲学中国化的一种方法论，已经成为中国共产党的光荣传统。“实事求是”已经成为中国共产党人学习、运用马克思主义哲学的一种学风，也是我们每个人学习、运用马克思主义哲学的优良学风。中国特色社会主义理论体系中始终如一地贯穿着“实事求是”的思想路线，已经明确将“坚持辩证唯物主义的思想路线，确立以实际问题为中心研究马克思主义”作为方法论。要坚持“实事求是”的思想路线，必须继续解放思想，要“自觉地把思想认识从那些不合时宜的观念、做法和体制中解放出来，从对马克思主义的错误的和教条式的理解中解放出来，从主观主义和形而上学的桎梏中解放出来”。这是对“实事求是”这一马克思主义哲学中国化方法论的继承和发展。

二、“结合”是马克思主义哲学中国化的关键

马克思主义中国化的过程，就是实现马克思主义哲学基本原理与中国具体实际相结合的过程。马克思主义哲学中国化，关键在于“结合”。毛泽东把“结合”称为我们党领导中国革命必须解决的“第一个重要问题”。邓小平把“结合”称为“我们吃了苦头总结出来的经验”。江泽民把“结合”称为“我们党八十年最基本的经验”。在延安时期为什么会形成马克思主义中国化的重要理论成果，特别是以毛泽东为代表的共产党人形成了那么多的新思想？其中一个很重要的原因就是当时注重将马克思主义基本原理与中国实际相结合。

马克思主义中国化，实际上就是中国共产党人在学习马克思主义理论时，善于把它

和中国的具体情况结合起来，这种理论联系实际的学风就决定了共产党人能够使马克思主义在实践中不断创新，变为自己的东西，真正使自己学到了马克思主义。与此相反，王明的先“左”倾后右倾，从哲学的高度看就是教条主义的表现，没有和中国具体实际相结合。后来与国民党第二次合作时，他又拘泥于合作而没有灵活性，甚至完全投降国民党。另外还有一部分党内干部，拘泥于自己的经验，不去认真研究马克思主义的基本理论，这就是经验主义。经验主义和教条主义都是没有把理论和实践结合起来。经验主义轻视理论，靠经验办事；没有理论的指导，没有把握事物的规律。教条主义和经验主义在哲学上都是主观主义，之所以产生这些错误的思想观念，是因为没有真正学懂马克思主义。

共产党人之所以能够学懂马克思主义，就是因为他们善于把马克思主义和中国的具体实际结合起来变成自己的东西，形成了毛泽东思想以及后来的一些思想，使马克思主义在实践中不断创新，变为有中国特色的理论。以毛泽东为代表的共产党人推进马克思主义哲学中国化的最大成果，就是把马克思主义的基本原理和中国实践结合了起来。我们学习马克思主义哲学更要这样，在科学研究中、在生活中、在学习中把理论学到手以后，要和实际结合起来，书本上的东西还不一定是真正自己的东西，要去用，在用的过程中才能真正学到。当然，要防止这样的倾向：有人一讲“学以致用”就不学理论了。我们要从总体上把握马克思主义哲学，从整体上把握马克思主义哲学的理论体系，然后在学好理论的基础上去指导自己的实践。要把马克思主义哲学当做行动的指南，而不是教条。要把马克思主义哲学融会贯通，形成自己的世界观、方法论，去指导自己的科学研究、工作和生活。

三、“信仰”是马克思主义哲学中国化的结果

什么是信仰？信仰就是对某种宗教或主义极度信服和尊重，并以其作为行动的准则。同样是信仰，但是，信仰辩证唯物主义与信仰宗教唯心主义是有本质区别的。辩证唯物主义或共产主义信仰是“现世”目标，这一目标依靠人们科学的实践活动能逐步实现。毛泽东说过，社会主义制度的建立为我们到达理想境界开辟了一条现实的道路，而理想境界的实现还要靠我们的辛勤劳动。有些青年人以为到了社会主义社会就应当什么都好了，就可以不费气力享受现成的幸福生活了，这是一种不实际的想法。大多数宗教信仰则是“来世”目标，这种目标在人们的实践活动中是实现不了的，只有在“来世”才能进入所谓的“极乐世界”。

对马克思主义哲学要有正确的认识，它首先是科学，然后才是信仰。我们为什么要信仰马克思主义哲学？因为马克思主义哲学是科学的世界观和方法论。什么是科学？所谓科学，必须具备两个基本特征：一是它反映了客观事物（自然、社会、人类思维）发展的规律性；二是它在现实生活中可以为人类的实践活动所证实。“马克思列宁主义之

所以被称为真理，也不但在于马克思、恩格斯、列宁、斯大林等人科学地构成这些学说的时候，而且在于为尔后革命的阶级斗争和民族斗争的实践所证实的时候。辩证唯物论之所以为普遍真理，在于经过无论什么人的实践都不能逃出它的范围。”① 为什么说马克思主义哲学是科学的世界观和方法论？因为马克思主义哲学是关于自然、社会和思维的知识体系，是人类社会实践经验的结晶，其任务是揭示事物发展的客观规律，探求真理。为什么一些人（党员）失去了共产主义信仰？主要是因为他们没有看到马克思主义哲学或辩证唯物主义的科学性，从而失去了信仰的理论依据。马克思主义哲学的“唯物辩证法”、以实践为基础的“认识论”和辩证唯物主义的“历史观”的真理性都在当今世界的科学实验和社会进步过程中不断得到证实，因此，我们以马克思主义哲学的世界观、方法论作为自己的信仰，对它极度信服和尊重，并以其作为行动的准则，就是一种自觉的行为，是与宗教信仰完全不同的。我们只有在马克思主义哲学中国化的过程中不断使马克思主义哲学与中国实际相结合，不断在实践中证实马克思主义哲学的真理性，马克思主义哲学才能作为一种“信仰”在中国得到更加广泛的传播和发展。

1. 毛泽东关于马克思主义认识论的主要贡献是什么？
2. 毛泽东对唯物辩证法的贡献在哪里？
3. 马克思主义哲学中国化给了我们什么启示？

① 《毛泽东选集》，2版，第1卷，292～293页，北京，人民出版社，1991。

第五章

坚持实事求是的思想路线

——从世界的物质性理解“实事求是”

世界物质统一性原理是马克思主义理论的基础，“实事求是”的思想路线就是以这一原理作为哲学依据的。“物质”范畴是马克思主义理论的基石和逻辑起点。在马克思主义哲学中，“实践”范畴是很重要的，但是，如果过分强调它，认为它可以代替“物质”范畴作为整个马克思主义哲学理论体系的逻辑起点和理论基石，那就不对了。因为，作为马克思主义哲学的辩证唯物主义“一元论”，承认世界的本原只有一个，那就是物质。实践是“主观见之于客观”的物质活动，既有物质因素，也有精神因素，不能作为世界的本原，否则，就陷入了“二元论”。在马克思主义哲学看来，物质是整个世界统一的基础，世界的统一性在于它的物质性，即客观实在性；人类认识的“模特儿”也是客观物质世界，人认识这个“模特儿”的唯一途径是实践；在社会历史领域，物质仍然是社会运动的主体，只是物质运动表现为人的实践活动，特别是人的生产实践活动。

第一节　世界的物质统一性原理

马克思主义哲学认为，逻辑和历史是一致的，历史的起点也应当是逻辑的起点。

一、马克思主义哲学的逻辑起点

在唯物辩证法看来，世界的本原是物质，从没有生命的物质世界中发展出了有生命的物质世界，从低等生命中发展出了高等生命，从高等生命中发展出了人类。不是上帝创造了人，事实上是人按照人的形象创造了上帝。正是在这个意义上，我们说物质是世界的本原，也是马克思主义哲学的理论体系的逻辑起点，整个马克思主义理论体系都是以物质为基础的。运动是指物质的运动，意识是物质的产物，并且意识的内容也来自物质；辩证法是物质运动的辩证法，事物运动的规律性就是物质本身运动的规律性，而不是离开这个物质世界的某种精神运动的规律性；人的认识的内容还是来自物质，人通过对物质世界的改造达到对物质世界的认识；社会的发展仍然是物质运动的一种高级形式，生产力离不开物质，人和工具、劳动对象都是物质的东西，生产力发展又引起其他方面的发展，如政治的、经济的、文化的、思想的乃至整个社会的发展都是物质运动的一种高级形式。物质是自然界发展的历史起点，所以，它也是马克思主义哲学的逻辑起点。任何一个形成体系的理论，都有自己最初的出发点，都有一个逻辑的起点。在这里我们强调马克思主义哲学的逻辑起点有特别的原因，因为“物质”这个逻辑起点影响着马克思主义哲学的性质和内容。

找到正确的逻辑起点，是一个理论体系得以建立的关键。马克思《资本论》的逻辑起点是什么呢？是商品。在资本主义社会中，商品交换是人们最常见的、接触最多的一种现象。资本主义经济发展是从商品开始的，所以，《资本论》理论体系的逻辑起点也只能从商品开始。一个理论的逻辑起点，同时也是历史的起点，也是我们认识的起点。像马克思把商品作为《资本论》的逻辑起点一样，马克思主义哲学的“物质”范畴作为一个逻辑起点，已经包含了马克思主义哲学理论的所有矛盾。“物质”范畴作为马克思主义哲学的逻辑起点，是理解马克思主义哲学全部理论体系的一条“红线”。

二、辩证唯物主义的“物质”范畴

（一）人们对“物质”范畴的认识过程

人们对“物质”范畴的认识经过了一个漫长的发展过程。朴素唯物主义者对物质的认识还停留在“朴素”、“直观”的层面上，他们将“物质”理解为具体的物质形态，如水、火、气或者原子等。在古代，人们对物质的认识还没有科学依据，有些只是猜测而已，如德谟克利特提出的“原子论”就是一种伟大的猜测，因为那时还没有科学依据。到了近代，由于科学的发展，人们已经发现了原子，对物质的认识达到了“原子”这个层次，这时人们对“原子”的认识已经有科学依据了。什么叫原子？就是不能再分的“原初”物质。到了19世纪末20世纪初，人们在科学上发现了电子和更多、更小的基本粒子，说明“原子”并不是真正的原子。把“物质”等同于原子的观念受到了冲击。为什么呢？当时，由于形而上学的唯物主义把物质本身等同于原子，发现了电子后，唯心主义者乘机来攻击形而上学的唯物主义思想，提出原子不存在了，那么物质也就不存在了；物质消灭了，唯物主义也被驳倒了。当时，形而上学唯物主义对这种攻击束手无策。正是在这种情况下，列宁对当时的情况作了分析，对唯心主义特别是物理学上的唯心主义进行了批判，然后总结当时科学发展的成就，提出了一个科学的“物质”范畴，认为物质是无限可分的。

19世纪末20世纪初，自然科学特别是物理学取得了一系列重大成就，放射性和电子等新发现动摇了经典物理学的某些基本概念和原理，形成了自然科学的一次重大突破。但是，一些自然科学家（如英国的毕尔生、德国的马赫、法国的彭伽勒、比利时的杜恒、俄国的施什金等）由于不懂得辩证法，没有能够从形而上学唯物主义提高到辩证唯物主义，反而陷入了唯心主义。他们认为物理学发生了“危机”，“物质消失了”，设想没有物质的运动。哲学上的唯心主义也乘机利用这些人的错误向唯物主义进攻，认为唯物主义被驳倒了。正是在这种情况下，列宁写了《唯物主义和经验批判主义》一书，对哲学的物质范畴作了明确的规定。

列宁认为物质是标志客观实在的哲学范畴，这种客观实在是人通过感觉感知的，不依赖于我们的感觉而存在，为我们的感觉所复写、摄影、反映。列宁这个物质定义是比较全面的，它从物质和意识的关系、从本体论和认识论等很多不同的侧面说明了物质的概念。过去恩格斯所说的“物质是各种实物的总和”，这个范畴还不够抽象、精确。相比较而言，列宁对物质的定义更加科学、准确。物质是标志“客观实在”的哲学范畴，所有客观实在的东西在哲学上就叫做“物质”。各种能够表现出客观实在性的东西，我们都应该用物质的概念将它概括起来。具有“客观实在”的东西才是物质的东西，不具有“客观实在”的东西就不是物质的东西。这个物质定义首先坚持了唯物主义一元论，同唯心主义、二元论划清了界限：物质是一种客观实在，物质第一、精神第二。“客观实在”是什么意思呢？“客观实在”的东西，就是可以通过人的感官反映到人的头脑中来的东西，人们可以去感知它。有些东西（像原子）虽然我们肉眼看不见它，但通过仪器可以去感知它，并且可以对它进行深入分析。

列宁的物质范畴坚持了辩证唯物主义的反映论和可知论，同不可知论划清了界限。这个物质定义从物质和意识的关系来说明客观实在性，物质必须是能被感知的。物质这种看得见、摸得着的客观实在性，不只是通过肉眼、通过我们的感官直接感觉到的，有些是通过各种仪器才能感觉得到。比如，距离我们很远的天体，我们看不见，但通过仪器可以观察得到，它们本身是客观实在的东西。又如，原子和电子等基本粒子，通过仪器可以测量到。谁能感知到上帝？恐怕那些最虔诚的教徒也无法感知到。神是由什么元素构成的？至今最伟大的科学家也没有发现神是由什么元素构成的，这就很容易驳倒那些唯心主义者。唯物主义和唯心主义是对立的。我们宣传的是唯物主义，但绝对不是不让别人信仰宗教，因为信教是一种自由，在我国，这是宪法明文规定的，我们对于宗教信仰没有任何的亵渎。

列宁的物质定义也坚持了辩证的物质观，同形而上学唯物主义划清了界限。这里我们讲的物质观和形而上学的物质观也是有区别的。虽然都是讲物质决定意识，但是列宁从物质和意识对立统一的角度来说明物质的范畴：物质不依赖于我们的感觉而存在，但是又为我们的感觉所复写、摄影、反映。复写是什么意思？复写首先要有一个原型。物质世界就是这个原型，我们的认识就是对它的一种复写、摄影、反映，这与旧唯物主义讲的“反映”有所不同。

列宁的物质定义承认物质的客观实在性，也解决了与此相关的哲学问题，比如说物质和运动的关系、运动和静止的关系以及时间和空间的实在性等问题。列宁的这一物质范畴说明物质的根本属性是运动。形而上学唯物主义者却认为物质是不动的，用静止的观点看问题，不是用运动的观点看问题。物质和运动不可分割，这是辩证唯物主义物质观。因为运动是静止的特殊状态，这又和相对主义划清了界限。我们前面讲到相对主义，克拉底鲁说人一次也不能踏进同一条河流，就把问题绝对化了。物质运动不能没有任何静止的状态，这种静止状态是一种特殊的运动。这是什么意思呢？当这个运动处于相对稳定的时候，处于量变阶段、还没有发生质变的时候，我们说这就是一种相对静止状态。老师叫同学不要动，要安静，“安静”就是相对静止状态。你能不动吗？这只是一种运动的特殊状态。在这段时间内，你相对地球没有动，你不能跑来跑去。这里所谓的安静、不要动，就是一种相对静止状态。这种静止不是绝对不动，而是相对稳定的特殊运动状态。承认这种相对静止状态有什么意义？在现实中，承认相对静止才能去研究这个事物。

认识这种绝对运动和相对静止的辩证统一，在世界观和方法论上都是非常重要的。不动就绝对不动，动起来就无法捉摸，那就是诡辩论。辩证法恰恰要掌握这种绝对运动和相对静止的统一。时间和空间是物质运动的存在形式，在哲学史、科学史上都有人设想没有物质的绝对空间和时间，事实上，时间和空间是离不开物质运动的。你的手表，你怎么看时间，指针在转，这本身就是物质在运动。但是这个运动是根据什么做出来的呢？是根据天体运动做出来的。一天 24 小时，手表是根据天体运动的规律做出来的。根据物质运动，我们才确定了时间。空间呢？空间也是物质存在的一种形式。如果离开物质本身，就无法确定空间位置。如果你坐飞机飞到云层很高的地方，问你在哪里，你不知道，只能估计大概在哪里。那么在陆地上，又怎么知道呢？因为有很多参照物。总之，空间概念也有一个参照物，也是物质本身存在的一种形式。时间和空间都离不开物质运动本身，离开物质就无法确定时间和空间。

（二）列宁的物质定义与世界的物质统一性原理

列宁的物质定义深刻揭示了世界的物质统一性原理。他认为世界上除了运动着的物质之外，什么都没有。这句话是不是说得有点绝对？除了物质之外，难道精神就不存在吗？从世界本原来说，精神是物质的产物并且依赖物质而存在。从这个角度来讲，没有物质就没有精神，列宁的物质定义就不绝对了。列宁并不否认意识的存在，不否认这些精神现象的存在，但是这些现象都是依赖于物质而存在的，如果没有物质，精神既不能产生也不能存在。精神对物质有绝对依赖性，精神是一种派生的东西，是第二性的东西。一般来讲，世界物质统一性原理包括五个方面的内容：第一方面，世界统一的基础是物质；第二方面，物质是其自身永恒存在和无限发展的唯一原因；第三方面，物质是意识的根源；第四方面，世界是多样性的统一；第五方面，人类社会也是物质的表现形态。

意识是通过特殊的物质——人脑而存在的。人脑是人身体的一个组成部分，人本身也是物质世界长期发展的结果，没有人脑也就没有意识现象。从这一点来讲，没有世界的长期发展，没有人的产生，也就没有人脑的产生，所以意识产生也有一个过程。从一般物质的反应性开始，如拍一下沙发就有一下响声。拍沙发和拍桌子的声音不一样，这就是不同的反应特性。这是最低级的、每一种物质都有的反应特性。有了生命之后，就出现了低等生命的刺激反应性，如向日葵向太阳这种现象就属于低等生命的刺激反应性。向日葵好像有点“意识”的样子，“故意”向着太阳去吸收阳光，但这只是它的一种本能的反应，是向日葵受到外界刺激的一种反应。

高等动物的心理活动已经非常接近人的心理活动了，比如家里养的狗、猫等宠物都有心理活动，它们很会“察言观色”，主人的呵斥声或是赞扬声，它们能听得出来。你表扬它们，它们会表现出高兴的样子，摇头摆尾；你呵斥它们，它们会表现出情绪低落的样子。这种动物心理已经“很接近”人的意识了，但是，还不是人的意识，也绝对不会成为真正的人的意识，它们的心理活动也只能是停留在“条件反射”这种本能的反应上面。很多人家里养的狗叫它打滚儿就打滚儿，怎么驯的它呢？你说“打滚儿”这句话的时候，同时抓住它的腿把它翻过来，第二次、第三次，这样翻了若干次后，你再说“打滚儿”，它自己就会翻了，但别忘记它做完动作之后给一点“奖励”，这样才会巩固训练的结果。这种条件反射就是一种意识的发展。这种发展，有了人脑，便促使一种更复杂的精神现象出现，也就是人的意识。人的意识加上语言，那就更复杂了。

通过意识这种产生过程我们可以看出，离开物质——人脑的发展，就没有意识这种精神现象的产生和发展。意识是人脑的机能，人脑是意识的加工厂。人脑这种高度发达的物质就有产生意识的能力：外界刺激通过感官反映到人脑后，人脑可以对其进行加工，产生出思想，但是，思想内容的“模特儿”还在客观世界，即使我们大脑反映的是再“荒唐”的东西，它的“原型”也是来自客观物质世界。客观物质世界没有的东西，人的大脑是造不出来的。蒲松龄写的《聊斋志异》里有许多鬼怪，但都有人的原型：它们可能比我们正常人多长出一只眼睛或者舌头长一点儿，仅此而已，总而言之都离不开人的样子。

从意识的产生和意识对物质世界的反映来看，意识、精神离不开物质。所以，列宁从物质和意识的关系上进一步说明了世界物质统一性原理：世界上除了运动着的物质之外，什么都没有。

（三）列宁的物质定义是否“过时了”

科学发展到今天，有人认为列宁当时提出的“物质”定义过时了，对于这个问题需要具体分析。科学的发展不断深化和拓展了列宁的物质定义，而且，随着人们对物质世界认识的不断加深，不断地证明了列宁的物质定义的可靠性。现在自然科学对物质层次问题的研究日益深入，科学家在分子、原子的基础上又发现了原子核由中子和质子组成，现在他们正在研究物质的更微观的层次。无论物质层次分得多么细，不管它们的形式怎样，物质都是客观存在的，因此，列宁的物质定义没有过时。比如说，在认识中子和质子之后，人们又发现了被称为“层子”的东西，有的人也称其为“夸克”，说法不同，但含义是一样的。这些更微观的东西并不能否定列宁的物质定义的科学性，因为它们的发现不是对客观实在性的否定，而是一种证实。现代科学家证实，物质还以“场”的形式存在，像“电磁场”。“场”本身也是物质存在的形式，并不是非物质的。“场”也是实在的，也能被感知，也有客观实在性，所以“场”的发现并不能否定作为客观实在性的物质概念。还有一种说法，就是现在物理学上有个最新发现，任何一种物质都有反粒子，这个反粒子组成的世界被称为“反粒子世界”。那这是不是对列宁的物质定义当中的客观实在性的一种否定呢？反物质、反粒子和暗物质等确实有令人感到迷惑的地方。暗物质就是在太空中、在宇宙中出现的一种暗的、不能被感觉到的、看不见的东西。科学家们认为，这是一种反粒子组成的，但是实际上它也是一种物质，只是性质有所不同。反物质并不是一种非物质，仍然是一种物质，我们能够通过各种仪器、各种方法“感觉”到它，否则怎么知道存在反物质呢？所以它还是具有客观实在性的。也许还有人存在这样的疑问：真空里面存在客观实在的东西吗？其实，真空并不是什么都没有。所谓“真空”，是指没有空气或者空气很少的状态，并不表示真空里面没有物质，只是说空气很少，但“场”等各种东西都还存在。所以真空并不“空”，它仍然是客观实在的东西。

大家都觉得生命很奇怪，其实生命也是一种物质。生命是什么物质呢？它是由蛋白质和核酸构成的。生命的物质是由非生命的物质如原子、分子结构构成的，基因、遗传因素等照样是物质在起作用。所以这些发现包括很神秘的生命现象，都不能否定列宁的物质定义。

我们可以得出结论：列宁关于物质的定义不仅没有过时，而且现代科学发现在不断地证实它、充实它。我们应该有一种科学的思维方法，那就是唯物辩证的思维方法。不能因为对物质的认识层次加深了，我们就否定列宁的物质定义，而应当通过这些新的科学发展的成果来进一步证实它。我们要用科学的理论来指导我们的实践，提高我们对物质概念的认识，然后不断丰富列宁的物质定义，而不是否定它，这才是真正科学的思维方法。

第二节 世界物质统一性原理与实事求是的思想路线

世界物质统一性原理与实事求是的思想路线之间有什么关系呢?

一、实事求是思想路线的哲学基础

辩证唯物主义认为，世界物质统一性原理是实事求是思想路线的哲学基础。它要求人们务必做到一切从实际出发，实事求是，正确处理主观和客观的关系，也就是处理好意识和物质的关系。

“思想”还有“路线”吗？有。我们讲思想的路线，就是怎么去思想，从哪里开始思想，经过哪里，到哪里结束。我们要实事求是，从现实出发思考问题。它的哲学依据是什么呢？在马克思主义哲学看来，世界是物质的世界，世界的真正统一性是它的物质性，思想是物质的产物，是物质的一种反映。因此，思考问题就要从物质世界及其发展规律出发，否则，就会违背客观规律。世界的物质统一性原理就是我们党的思想路线的哲学基础。

二、“实事求是”的科学内涵

关于“实事求是”的科学内涵，我们引用毛泽东 1941 年 5 月在《改造我们的学习》一文中的经典论述来说明：“‘实事’就是客观存在着的一切事物，‘是’就是客观事物的内部联系，即规律性，‘求’就是我们去研究。”①世界物质统一性原理告诉我们，世界的本原或本质是物质，这是客观实在的东西。实事求是要求我们从实际出发，进而把握这些规律去指导我们的实践。实事求是的哲学依据就是世界物质统一性原理。毛泽东有一段论述，告诉我们怎样在现实中做到实事求是：“我们要从国内外、省内外、县内外、区内外的实际情况出发，从其中引出其固有的而不是臆造的规律性，即找出周围事变的内部联系，作为我们行动的向导。而要这样做，就须不凭主观想象，不凭一时的热情，不凭死的书本，而凭客观存在的事实，详细地占有材料，在马克思列宁主义一般原理的指导下，从这些材料中引出正确的结论。”② 毛泽东说得很通俗，但道理很深刻：通

---

①② 《毛泽东选集》，2 版，第 3 卷，801 页，北京，人民出版社，1991。

过调查研究，占有材料，也就找到了解决问题的办法。把周围事物调查清楚了，围绕要解决的问题，找到了问题的原因，答案也就有了。这样去思考问题，就是唯物主义的思想路线。不能像有些人那样，拍脑袋决策。那些所谓的“三拍”干部通常是：拍脑袋决策——就这样定了；拍腿，决策失败了，长叹一声——又交了一次学费；最后拍屁股，拜拜，下次再来。这就是一种脱离实际进行决策的典型，拍脑袋，不去调查，很省力。省力就做不好事情，所以一定要做艰苦细致的调查研究工作。这就是我们强调实事求是思想路线的一个现实意义。

我们经常讲实事求是，但说着容易做到难！遇到实际情况，很多时候却不实事求是，目的就是为了省力。不用做艰苦的调查工作，一拍脑袋就决策当然很省力。但是，唯物辩证法是无情的，在决策前省力、不调查研究，最终还是会受到唯物辩证法的惩罚，做不成事情，在实践中走弯路，这种省力最终还是费力。

三、关于实事求是思想路线的正确表述

在提到“思想路线”时，现在学术界有些不同的表述，认为毛泽东把党的思想路线概括为“实事求是”，邓小平把党的思想路线概括为“解放思想，实事求是”，江泽民把党的思想路线概括为“解放思想，实事求是，与时俱进”。这些观点在学术界作为对党的思想路线的“发展”的研究成果似乎已经成为定论。其实，这种观点是没有根据的。到底党的思想路线应该怎样表述？《中国共产党章程》（中国共产党第十七次全国代表大会部分修改，2007 年 10 月 21 日通过）的表述是：“党的思想路线是一切从实际出发，理论联系实际，实事求是，在实践中检验真理和发展真理。”这才是我们的依据。

为什么在党章中没有谈到上述关于党的思想路线的“发展”呢？这绝不是一种疏忽，而是一种非常专业且非常谨慎的态度。首先是为什么不能把“解放思想”放在思想路线的内容中呢？因为邓小平在说明什么是“解放思想”的时候是这样说的：“解放思想，就是使思想和实际相符合，使主观和客观相符合，就是实事求是。”① 既然“解放思想”就是“实事求是”，那么，就没有必要重复。为什么不能把“与时俱进”作为思想路线的内容呢？“与时俱进”的思想非常重要，但不能把它作为思想路线的一个内容。列宁在《唯物主义和经验批判主义》中指出：哲学上的两条基本路线，是“从物到感觉和思想呢，还是从思想和感觉到物？恩格斯坚持第一条路线，即唯物主义的路线。马赫坚持第二条路线，即唯心主义的路线”②。从这里，我们看到，从物质到精神，还是从精神到物质，这是两条根本对立的思想路线。我们强调按照“从物质到精神”的思想路线去思考和解决问题。恩格斯也说过：“原则不是研究的出发点，而是它的最终结果；这

① 《邓小平文选》，2 版，第 2 卷，364 页，北京，人民出版社，1994。
② 《列宁选集》，3 版，第 2 卷，37 页，北京，人民出版社，1995。

些原则不是被应用于自然界和人类历史，而是从它们中抽象出来的；不是自然界和人类去适应原则，而是原则只有在符合自然界和历史的情况下才是正确的。”① 我们要坚持原则，怎么不能从原则出发呢？这里应作具体分析：当原则本身符合事实的时候，它是反映客观事实的，我们坚持它就没有错。假若这个原则是不符合实际的，是错误的，我们就要根据事实去改变它。中国加入WTO后，很多法律都修改了。为什么要修改呢？因为中国加入WTO以后，整个外界形势变了，客观环境变了，我们的有些法律在一个新的环境中不适用了。在这种情况下，不是让现实去迁就已有的法律，而是法律作为原则要去适应现实，这就是唯物主义的思想路线。所以，原则归根结底要以事实为依据。我们再来看，“与时俱进”是一条什么思想路线呢？它是唯物主义思想路线吗？唯心主义也“与时俱进”，也不断改变自己。比如现在有人用电脑算命，有人通过现代化的网络传播唯心主义，这都是与时俱进。因此，按照“与时俱进”的标准不能区分唯物主义和唯心主义。我们讲的“与时俱进”是在坚持党的“实事求是”思想路线的前提下，要求我们的思想和各项工作与时代发展相适应。所以，我不主张把“与时俱进”放进思想路线中去，放进去可能会使人们的思想路线混乱。

四、实事求是与创新

思想路线规定了人们思想的方向，我们要在坚持实事求是的前提下与时俱进，这有利于澄清关于思想路线认识上的一些问题。我们在学习过程中要勤于思考、善于思考，不要人云亦云。首先是坚持党的实事求是的思想路线，然后在此基础上才是解放思想、与时俱进。

与时俱进，必须进行创新。不管是制度创新、技术创新，还是文化创新等，都必须实事求是。实事求是，就是对客观事物本身进行研究，找出它的规律性，找出与周围事物的联系，然后找出一条解决问题的道路。实事求是是创新必须遵循的原则。如果没有这条思想路线作指导，创新可能只是求“新颖”，不能获得实质性的创新成果。事实上，美国的熊彼特提出“创新”这个概念的时候，是个经济学概念。不管是文化创新还是制度创新，都要对发展经济有利，最终是对改善人民群众的生活水平有利，按照发展经济的要求，根据党的中心任务去创新。技术创新也是为了经济效益，企业的技术创新是为了提高企业经济效益。所以，创新也要坚持实事求是的原则。

1. 世界的物质统一性原理包括哪些基本内容？
2. 如何坚持实事求是的思想路线？
3. 联系实际讨论列宁的物质定义是否“过时了”。

---

① 《马克思恩格斯选集》，2版，第3卷，374页，北京，人民出版社，1995。

第六章

“矛盾法则”与人生智慧

曾经有人提出过这样的问题：贪污受贿行为是受什么世界观支配的？其实，任何行为追根求源都有一个受世界观支配的问题。这种行为的主体是受一种唯心主义、形而上学的世界观支配的。

贪污受贿者是想获取金钱，并且是采用一种捷径去获取金钱，追求家庭生活幸福，这是他的目的，然而，一旦做出这种行为之后，无论什么结果，他都很难获得幸福。我们分析一下：如果这种贪污受贿行为得逞了，获取了金钱但贪污受贿者不敢去银行存，存在银行怕被发现；也不敢去花，买房子、买地也怕被发现了。怎么办呢？大量的现金放在家里或者办公室里，睡不好觉，幸福从何而来？不光他自己担心，他的家庭成员也担心。这种心理上的刺激、压力使他追求幸福的想法落空了，这是一种后果。另一种后果就是被发现了。如果被发现了，不是幸福不幸福的问题，有的情况下还要去铁窗里度过一段时间，甚至性命都难保。可见，贪污受贿的行为不仅累及自己，还累及家人、朋友，当然对于社会的危害就更大了。想做自己做不到的事情，这就是唯心主义。他想得到幸福，只是一种主观的想象，但是事实上，他是越做越苦恼，越做越不会幸福。假如有正确的世界观，就不会做这种事。很多被捕者在监狱中痛哭流涕、后悔莫及。这种行为主体只看到金钱和幸福之间的联系，认为有钱就是幸福，但是，他没有看到它们之间也有区别，就是说，金钱不等于幸福，特别是当获取金钱的途径和手段不正当的时候，其区别就更大。所以，这是一种形而上学的观点：只看到了金钱和幸福的一致性，没有看到它们之间的区别，是一种缺乏对立统一的观点。正确的观点是既要看到金钱和幸福之间有一定的联系，同时，也要看到它们的不同，不能仅靠追求金钱来获得幸福。

第一节 唯物辩证法的实质与核心

对立统一的思想非常重要，对立统一规律是唯物辩证法的实质与核心。

唯物辩证法和辩证唯物论实际上是一个理论体系中的不同内容。我们讲辩证唯物论时，也讲到了物质和运动不可分割。实际上，辩证唯物论是不能离开运动的观点，并且时间、空间也是通过物质运动表现出来的，所以，在马克思主义哲学中，讲唯物论离不开辩证法，讲辩证法也不能脱离唯物论。讲唯物论，是讲世界是什么；讲辩证法，是讲世界怎么样。按照马克思主义哲学的观点来说，世界是物质的世界，这个物质的世界又是不断运动的。世界到底怎么样呢？从唯物辩证法这个角度讲，它是不断运动的。运动是有规律的，物质运动的规律不是脱离物质的精神运动，而是客观物质世界在运动。概括起来讲，辩证法是在讲世界怎么样、运动不运动、怎样运动、有没有规律、规律是什么等一系列的问题。

一、唯物辩证法的特征

（一）普遍联系和永恒发展

唯物辩证法有两大特征，为什么强调这个问题呢？因为这两大特征是我们分析问题、解决问题的世界观和方法论。唯物辩证法的第一个特征是普遍联系，第二个特征是永恒发展。

1. 物质世界的普遍联系

所谓联系，是指事物或现象之间以及事物内部诸要素之间的相互依存、相互作用和制约的关系。联系具有客观性、普遍性和多样性。事物联系的普遍性和多样性，表明事物的存在和发展要受到各种条件的制约。所谓条件，是指同某一事物联系的、对它的存在和发展产生作用的一切因素的总和。全面地分析各种条件及其作用，是我们弄清问题、解决矛盾的必要前提。

普遍联系的观点认为，世界上的万事万物都是相互联系着的。有些事物和事物之间似乎没有什么联系，实际上它们之间有很多“中介”，这些“中介”使我们看不清楚它们之间的联系。我们一般去探索的是这个事物和对它有较大影响的那些事物之间的联系，而对那些对它影响较小的事物则不去研究，这要看实际需要与可能。比如，警察在侦破案件的时候，总是将与这一案件联系最密切的人和物作为线索。假若是纵火案，放火的人与放火这个案件联系最密切，还有指使他的人、为他提供方便的人，这些人犯罪有轻有重，都牵扯在内，但是，那些生产火柴的工厂和这个案件有没有联系呢？实际有，但是联系太远了，就不必去追究。这就是联系远近的问题，直接联系和间接联系的问题。总而言之，世界万事万物都有联系。学习唯物辩证法关于事物普遍联系的思想，要求我们用联系的观点去观察问题，从一切联系的整体中去把握事物的本质，反对用孤立的观点观察问题；坚持认识的全面性，防止思想的片面性。

有家公司董事长，原来在国有企业任党委书记，一直保持着做职工思想政治工作的好习惯，他把职工思想、情绪方面的表现与其背后的原因之间的联系绘制成了一张“思想政治工作图”，很有新意。他从职工的思想、情绪表现追溯到其产生的经济原因，找到其中的联系和规律性，进而找到解决问题的办法，比如，他有一天看到一个职工情绪低落，就追问其原因，得知这个职工昨天晚上两口子吵架了，为什么吵架？原因是家中存款不多，但丈夫想买电脑，妻子想去上英语培训班，二者不可兼得，只能满足一个人的愿望。了解到这种情况之后，这位董事长就发动职工成立了一个“内部互助基金”，参加者每人存一些钱进去，需要时可从这里进行短期“无息贷款”，解决资金暂时短缺的问题。问题解决了，这个职工的情绪又高涨起来，工作效率又提高了。这位董事长实际上就是找到了情绪低落—昨晚吵架—经济困难—互助基金—解决问题—情绪高涨—工作效率提高等因素之间的内在联系，为职工解决了生活、工作中的困难，提高了职工的工作效率，从而为公司创造了更多的财富。

讲到事物之间的联系这个唯物辩证法的特征，我们还有另一个案例：陈光甫（1881—1976年，江苏镇江人，原名辉祖，后改名辉德，字光甫），是上海商业储蓄银行的创始人，也是“一元开户储蓄存款”、“单一柜员制”和“小额信用贷款”等银行业务的倡导者和实践者。这些业务的开创出于他自己的一次经历——到某个银行办事，遇到不便：钱少不开户、多柜台排队、小额不贷款。这使他发现了创办一家新型银行的商机，他成功创办了上海商业储蓄银行，为普通老百姓服务，大受欢迎。可以看到，发现事物之间的联系是成功创业的关键。从这些案例也可以看出，只要我们善于找到事物之间的联系，就可以找到解决问题的办法，就会使我们变得聪明起来。

2. 物质世界的永恒发展

唯物辩证法认为，事物的普遍联系构成事物的运动、变化和发展。世界这个普遍联系的整体处于永恒的发展过程之中。运动、变化和发展的联系与区别在于：运动是指事物变动不居的状态，包括宇宙间发生的一切变化和过程。变化是指物质运动所引起的事物的状态和性质的改变（量变和质变），可以是前进的运动，也可以是倒退的运动。发展是指前进的运动，其实质是新事物的产生和旧事物的灭亡。所谓新事物，是指合乎历史前进方向的、具有强大的生命力和远大的发展前途的东西；所谓旧事物，是指那些在历史发展的进程中逐渐丧失其存在的必然性的、日趋灭亡的东西。判别新、旧事物的标志，不是看它们在时间上的先后顺序，而是看它们是否符合历史发展的必然趋势。

永恒发展的观点认为，物质世界是永恒发展的。恩格斯说，联系构成运动。联系就是事物之间的相互作用，相互作用就有一种力，相互产生影响，这种相互影响构成运动。运动中有发展，发展是质的变化，是一事物向另一事物的转变。事物运动过程中达到一定的阶段、量变达到一定程度就会发生质变。

（二）联系与规律

事物的联系和发展是有规律的，唯物辩证法不仅要认识客观事物的运动和发展，而且要揭示客观世界的规律。规律就是事物发展中本身所具有的本质联系和发展的必然趋势。

规律的特点包括：(1) 客观性。物质的运动规律是物质本身所固有的，不以人的意志为转移，人只能认识规律和利用规律来为自身服务。(2) 普遍性。规律是同类事物的普遍的、本质的联系，在同类事物的范围内普遍地起作用。(3) 必然性。规律是事物联系和发展的必然趋势。(4) 重复性。只要具备一定的条件，某一领域的某种合乎规律的现象就会在该领域同类事物中重复出现。

二、对立统一规律在唯物辩证法中的地位

（一）矛盾及其客观性

对立统一规律即矛盾规律，是唯物辩证法最根本的规律。这一规律揭示了事物矛盾着的双方是既对立又统一的。要理解对立统一规律，首先必须明确唯物辩证法的矛盾范畴。对立统一规律在整个辩证法体系中的地位是非常重要的。对立统一规律的理论体系是很复杂的，毛泽东在《矛盾论》中做了一个比较详细的剖析，其内容结合实际，能帮助我们掌握这条规律。

什么叫矛盾？唯物辩证法理解的矛盾是什么？矛盾是指事物内部不同要素之间或事物之间既对立又统一的关系。这与我们日常生活中讲的矛盾有什么不同呢？平时我们所说的“矛盾”，注重其“对立”的一方面，而对“统一”这个方面是忽视的。有人的地方就有矛盾，就有对立统一，只要我们把事物中的矛盾看成是客观存在的一种现象就不会苦恼。有矛盾，不统一，是正常的。但是，我们要通过这种不统一去达到统一，这就是对立统一关系。有个典故讲的是矛和盾的关系，实际上，它也是对立统一，不是完全对立的。看起来，好像矛要去刺穿盾，这是针锋相对的，但是事实上，假若没有矛，盾又有什么用？同样，如果没有盾的话，矛就会如入无人之境，也无法形成对立。有矛又有盾，才是一个完整的事物。所以，矛和盾是既对立又统一的关系，是一个事物的两个方面。

矛盾的客观性原理对于我们正确认识有关矛盾的其他原理是一个重要的理论前提，因为，如果不承认矛盾的客观性，关于矛盾的其他理论如矛盾的基本属性（统一性和斗争性）、矛盾的普遍性和矛盾的特殊性等就无从谈起，如何分析矛盾和解决矛盾以及如

何树立辩证唯物主义的矛盾观也会成为一句空话。那么，什么是矛盾的客观性？辩证唯物主义认为，矛盾不是人们根据自己的主观意识从外部强加于客观事物的，也不是上帝赋予的，而是客观事物自身所固有的。矛盾的存在和发展是不以人的意志为转移的客观过程。不管人们是否喜欢、承认它们，矛盾的统一体总是按照自身固有的规律产生、发展和灭亡。矛盾的客观性根源于物质世界的客观实在性。辩证唯物主义认为，世界统一于物质的客观实在性，多样性的物质世界是不断运动变化的，物质的运动变化本身就蕴涵着诸多的矛盾，是矛盾的集合体。辩证唯物主义所指的矛盾都是一定事物运动过程中自身所固有的矛盾，没有客观存在的事物就没有矛盾的存在。由于物质的唯一特性是客观实在性，作为物质运动过程中自身固有的矛盾也必然具有客观性。矛盾客观性原理要求我们在现实生活中不能否认矛盾，而应实事求是地承认矛盾的客观存在，这是唯物辩证法与唯心主义辩证法、形而上学观点的根本区别。

唯物辩证法和形而上学的对立也表现在对待“矛盾”问题上。形而上学实际上是一种片面地、孤立地、静止地看问题的观点。这种观点和唯物辩证法是对立的：首先，表现在是否承认事物的内部矛盾是事物发展的根本动力。唯物辩证法承认矛盾是客观存在的，并且事物内部的矛盾决定着事物的发展，是事物发展的内在动力或者说根本动力，但是，形而上学不承认矛盾，不承认事物内部的矛盾是事物发展的动力，所以，在这一点上，两者有明显的区别。从这里可以看出，承认不承认“矛盾”也涉及承认不承认事物的运动。形而上学往往不承认事物的发展，即使承认，也认为事物的发展只是“量变”，来自事物外部条件的推动而不是它本身的内在矛盾。这是一个很大的区别。其次，辩证法和形而上学的区别还表现在是否用全面的、联系的观点看问题。唯物辩证法强调用全面的观点看问题，用联系的观点看问题。前面我们讲到唯物辩证法的两个特征的时候，也讲到了这一点。这里的“全面”，就是要用矛盾的观点看问题，就是既要看到事物的对立，也要看到它的统一，这就是“全面”，不要只看到这一面或者只看到那一面。看到这个事物而看不到它和其他事物的联系，看到事物的一个方面而看不到事物的另一方面，看到它的优点而看不到它的缺点，这些都是片面的观点。唯物辩证法主张要全面地看问题。形而上学正好相反，它是片面的、孤立的观点。看一个人只看他的缺点而把全部的优点给抹掉，这就是片面的。孤立的观点就是“只见树木，不见森林”。最后，辩证法和形而上学的区别表现在是否以发展变化的观点看问题。唯物辩证法强调发展变化，是强调事物质的变化，是事物内在矛盾的转变。但是，形而上学却恰恰相反，它是以静止的观点看问题，认为事物是一成不变的，即使变化，也只是量的变化，没有质的变化。这种观点显然是错误的。如果仅仅这样看问题，那就无法解释事物变化的不同阶段，这个事物和其他事物质的不同，不能界定这些事物，不能认识这些事物。所以，形而上学的局限性非常大。

（二）矛盾的两个基本属性

矛盾的基本属性也是由它本身的内容决定的，矛盾具有两种基本属性，即斗争性和统一性。

矛盾的斗争性是指矛盾着的对立面之间相互排斥、相互分离的性质和趋势。斗争性有两种基本形式：对抗性和非对抗性。我们可以这样理解：斗争性是指矛盾双方相互排斥、相互分离的倾向，表现为矛盾双方的差异、对立、对抗。各种不同的意见、不同的行为等一些不同方面的争论、辩论、对立都是很正常的，这是矛盾的一个基本属性，即斗争性。斗争性讲的是不同，讲的是矛盾双方的一种不同、一种分离、一种差别、一种对立或是一种对抗。

但是同时，唯物辩证法要求我们要看到它们之间的统一性，这是矛盾的另一个基本属性。统一性就是同一性，只是说法不同，两者的意思是一样的。矛盾的统一性是指矛盾双方相互依存、相互贯通的性质和趋势。它有两个方面的含义：一是矛盾着的对立面共处一个统一体中，互为存在的前提；二是矛盾着的对立面之间相互贯通，在一定条件下相互转化。我们可以这样理解统一性：统一性表现为矛盾双方的相互依存、相互吸引、相互渗透、相互转化的倾向。毛泽东的这段话可以帮助我们理解矛盾的统一性：矛盾的统一性就是“一切矛盾着的东西，互相联系着，不但在一定条件之下共处于一个统一体中，而且在一定条件之下互相转化”①。

在把握统一性和斗争性基本含义的基础上，我们还要把握两者的辩证关系：两者相互联结、相辅相成。统一性是矛盾双方对立中的统一，斗争性是矛盾双方统一中的斗争。离开统一性的斗争性和离开斗争性的统一性都是不存在的：统一性是矛盾斗争的重要条件，如果矛盾双方不在一定条件下结成统一体，也就没有矛盾的斗争和发展；统一性也离不开矛盾斗争，如果没有矛盾斗争，矛盾双方既不能联结也不能转化。矛盾双方既统一又斗争，由此推动事物的发展。正确理解矛盾的统一性和斗争性的关系，就是要在统一中看到矛盾双方的对立和斗争，在斗争中看到矛盾双方的依存和转化，要学会“在统一中把握对立，在对立中把握统一”。

在现实生活中，我们只有善于“在统一中把握对立，在对立中把握统一”，才能深刻认识客观事物的本质，把握其客观规律，从而增长生活智慧。比如说，我们要善于在统一中把握对立，一个班长或班主任要深刻认识这个班集体，只停留在知道“这个班有多少人”、“这个人是我们班的”等关于这个班“统一性”的东西是不够的，这时候他对于这个班集体的认识还是很肤浅的。要想深刻认识这个班集体，就要进一步作调查研究，认识其中的差异，认识其中有多少男生、多少女生，有多少学习成绩好的、多少学习成绩差的、多少学习成绩中等的，有多少党员、多少团员、多少其他党派人士、多少无党派人士，等等，认识了这些差异，对这个班集体的认识才算深刻了。同样，我们要想深刻认识一个事物，还要善于在对立中把握统一。在中国第二次国内革命战争时期，国共两党之间的对立已经成为激烈的对抗，在红军长征途中，国民党军队天上飞机轰

① 《毛泽东选集》，2版，第1卷，330页，北京，人民出版社，1991。

炸，地上重兵围追堵截，欲置红军于死地而后快，然而，红军突破重围到达陕北以后，面对如何解决“西安事变”的问题，中国共产党以民族利益为重，同意有条件释放蒋介石，这个条件就是让蒋介石同意国内各派力量结成抗日民族统一战线，停止内战，一致抗日。“西安事变”和平解决，第二次国共合作形成，全国性的抗日民族统一战线形成了，这是中国抗日战争胜利的重要条件。“西安事变”的和平解决可以说是在对立中把握统一的典范。国共两党都能结成统一战线，家庭成员之间有什么对立不能解决呢？两口子吵架，说不了几句就要离婚，这不是方法论错误吗？离婚后再成立家庭，还会有家庭矛盾。只要有家庭，就有家庭矛盾，就有家庭成员之间的对立，问题是要善于找到其中的统一。

在现实生活中，有许多关于统一性和斗争性的辩证关系的实例。我们常说“不打不相识”，不发生碰撞，没有利益冲突，就不会发现人的深层次思想或者说“内心世界”，只有在一些“关键”时刻，在一些利益冲突或思想碰撞过程中，人们才能够真正认识对方。同样，这句话我们还可以反过来理解：“不相识不打”。如果人与人之间素不相识，根本没有任何利益关系或思想接触，也就谈不上“打”，即不会产生“斗争”。战争与和平是一对矛盾关系，也是人与人之间矛盾关系的典型形式，两者之间是斗争性和统一性的辩证统一关系。世界上只要有人敢于发动侵略战争——非正义战争，就会有反对它的正义战争，根据“得道多助，失道寡助”的逻辑，正义战争最终必然会消灭非正义战争，这就意味着和平的到来。这就是说，战争中已经包含了和平的因素；和平共处的双方虽然没有了战争，但是，斗争并没有结束，各种各样的斗争仍然存在，在斗争中达到统一，保持和平共处的状态。

我们希望一种和谐的社会环境——和谐的经济，和谐的政治，和谐的文化，和谐的家庭，如此等等，但是，我们不要忘记，这种和谐是在“矛盾”中的“和谐”，是“和而不同”，是若干“差异、对立、对抗”的因素形成的“和谐”。例如，在一个社会统一体（社会团体、组织、家庭等）中有不同意见是正常的和谐状态，如果意见完全一致是不正常的和谐状态。在多个人、多个头脑存在的地方，怎么会只有一种意见存在呢？在一个社会统一体中有不同意见可以表达就是和谐，否则就是不和谐。在一个社会统一体中，只有不同意见、不同思想的碰撞和交流，才能有创新，才能不断发展，否则，这个统一体就要失去活力，就要灭亡。

（三）对立统一规律是唯物辩证法的实质与核心

第一，对立统一规律解释了世界普遍联系和永恒发展的根本内容，揭示了变化发展的内在动力。唯物辩证法认为，事物发展的根本动力不是来自外部，而是来自内部的矛盾。作为学生，你的学习进步与否，有客观原因，但那不是根本原因，根本的原因在自己，千万不要怨天尤人，明白这一点是非常重要的。

第二，对立统一规律是贯穿辩证法其他规律和范畴的中心线索。除了对立统一规律之外，还有质量互变规律、否定之否定规律，还有若干的范畴，例如现象和本质、原因和结果、内容和形式、现实性和可能性、偶然性和必然性。这些范畴都是成双成对出现的。为什么呢？这也反映了它们之间的对立统一关系。所以，我们理解这些规律和范畴的时候，都是以对立统一规律为中心线索的。我们把握了对立统一规律的思想，再去理解其他的规律和范畴的时候就有了中心，抓住了它的实质，其他规律和范畴都能够得到解释。

第三，对立统一规律所提供的矛盾分析方法是最根本的认识方法。对于任何事物，都要善于分析它的内部矛盾以及它和其他事物之间的外部矛盾。用矛盾的观点分析事物，分析得就比较准确，能够抓住事物的实质。所以，矛盾分析法是非常重要的一种分析方法。

关于对立统一规律是唯物辩证法的实质与核心，我们还要注意一个问题，就是毛泽东提出的“一分为二”的观点。“一分为二”实际上讲的就是对立统一规律，但是，有人说对于唯物辩证法仅仅用“一分为二”来概括太简单了。我们在这里是说实质与核心，并不代表唯物辩证法的全部内容。我们抓住这个核心之后，还要注意研究其他内容，注意研究整个唯物辩证法的理论体系，这样就不会出现偏差。所以，在理解对立统一规律的时候，在理解实质与核心的基础上要注意把握整个唯物辩证法的理论体系。

三、关于矛盾问题的精髓

我们在把握对立统一规律的时候，要特别强调把握矛盾的普遍性和特殊性这一对关系，因为，矛盾的普遍性和特殊性的关系问题是关于事物矛盾问题的精髓。

（一）矛盾的普遍性

矛盾的普遍性是指矛盾是普遍存在的，存在于世界上的每一个事物之中，并且还存在于这个事物从始至终的整个发展过程之中。从空间来看，自然、社会、人类思维各个领域中的一切事物都充满着矛盾。矛盾存在于每一个事物之中，每一个事物都有矛盾，处处有矛盾，这是从空间来讲的。从时间来看，每一个事物的发展过程从始至终都充满着矛盾。从没有生命的地球到有生命的地球的进化，从低等生命到高等生命的发展，从人类社会的野蛮时期到文明时期的进步，从原始社会到奴隶社会、封建社会、资本主义社会再到社会主义社会、共产主义社会的社会形态的演化，时时都有矛盾，这是从时间上来讲的。所以，矛盾的普遍性是一种从时间到空间、立体的、全方位的概括，也就是说矛盾“无处不在，无时不有”。这就是矛盾普遍性原理。

根据矛盾的普遍性原理，我们在看待事物的时候，就要充分估计到矛盾的存在，要认识到客观世界不存在矛盾“有无”的问题，只存在矛盾“差异”的问题。不要幻想世界的某个角落不存在矛盾，也不要期望到某个时候世界上的矛盾就会完全消失。总之，没有矛盾就没有世界，没有社会矛盾就没有社会，没有家庭矛盾就没有家庭，没有朋友之间的矛盾就没有朋友，没有人与人之间的矛盾就没有人与人之间的缘分……只要存在差异的各个部分处于一个统一体中，就会产生矛盾。矛盾是客观存在的，矛盾是客观事物存在和发展的方式。没有矛盾，事物发展也就失去了根本的动力。

（二）矛盾的特殊性

怎样才能解决矛盾呢？要分析每一个事物、每一个事物的发展过程和阶段以及每一矛盾的各个方面的特殊性。分析矛盾的特殊性是一个比较复杂的问题，我们可以从以下几个方面入手。

1. 各种物质运动形式中矛盾的特殊性

辩证唯物主义将物质运动的基本形式归结为六种，按照从低级到高级排列如下：机械运动、物理运动、化学运动、生命运动、社会运动和思维运动。这里需要说明的是，有些观点认为物质运动的基本形式是五种，认为“思维运动”不包括在内。我们在这里将“思维运动”作为物质运动的一种形式，是有理论根据和现实根据的。

（1）恩格斯在《自然辩证法》中指出：“运动，就它被理解为存在方式，被理解为物质的固有属性这一最一般的意义来说，囊括宇宙中发生的一切变化和过程，从单纯的位置变动起直到思维。”① 很明显，恩格斯在这里是将思维运动作为物质运动的最高级形式看待的。

（2）毛泽东在谈到运动的形式时，也提到了思维运动。他在论述自然界的运动形式以后指出：“这种情形，不但在自然界中存在着，在社会现象和思想现象中也是同样地存在着。每一种社会形式和思想形式，都有它的特殊的矛盾和特殊的本质。”②

（3）科学研究表明，思维运动也是一种物质运动。现代脑科学证明，思维过程是一种物质运动过程，其中包括体内神经电流的变化。思维在体内的传播，就是通过神经电流实现的。这表明思维过程伴随着场物质的产生与传播。③

这些运动形式的不同决定了各种事物的特殊性，使我们将一事物同他事物区别开来。这种特殊的矛盾是事物之所以千差万别的内在原因或根据。“科学研究的区分，就是根据科学对象所具有的特殊的矛盾性。因此，对于某一现象的领域所特有的某一种矛盾的研究，就构成某一门科学的对象。例如，数学中的正数和负数，机械学中的作用和反作用，物理学中的阴电和阳电，化学中的化分和化合，社会科学中的生产力和生产关系、阶级和阶级的互相斗争，军事学中的攻击和防御，哲学中的唯心论和唯物论、形而上学观和辩证法观等，都是因为具有特殊的矛盾和特殊的本质，才构成了不同的科学研

① 《马克思恩格斯选集》，2版，第4卷，346页，北京，人民出版社，1995。
② 《毛泽东选集》，2版，第1卷，309页，北京，人民出版社，1991。
③ 参见赵国求：《论思维的外化及其传播方式》，载《科学技术与辩证法》，1996(6)。

究的对象。”①

辩证唯物主义认为，认识矛盾的特殊性是认识矛盾的普遍性的前提和基础。人类认识事物总是先认识特殊的事物，逐步才扩大到认识一般的事物。从特殊到普遍，再从普遍到特殊，这是人类认识的两个过程。这两个过程循环往复地进行，只要按照科学的认识方法，每一次循环都会使认识提高一步。教条主义者不懂得这两个认识过程，不去对矛盾的特殊性做艰苦的研究工作，完全不懂马克思主义的认识论。在研究矛盾的特殊性时，我们要明白两个方面的道理：一方面，必须研究矛盾的特殊性，才能充分地认识矛盾的普遍性；另一方面，在我们认识了矛盾的普遍性之后，还必须继续研究那些尚未深入地研究过或者新出现的具体事物。

2. 每一种物质运动形式在不同发展过程中其矛盾的特殊性

我们在研究矛盾的特殊性的时候，仅仅研究不同物质运动形式的矛盾的特殊性是不够的，还必须研究每一种物质运动形式在其不同发展过程中矛盾的特殊性。在每一种物质运动形式发展的长途中，每一个过程中的矛盾都有其特殊性。这些具有矛盾特殊性的发展过程都是不同质的，解决这些不同质的矛盾要用不同的方法，因此，我们的研究工作必须从这里开始。

在社会运动中，不同过程中包含着不同的矛盾，这些矛盾都具有特殊性，解决这些矛盾所使用的方法也不同：在中国新民主主义革命过程中，社会中所包含的主要矛盾是人民大众和封建制度的矛盾、中华民族和帝国主义的矛盾，解决这些矛盾的方法主要是民主革命和民族革命战争；在社会主义革命过程中，社会中包含的主要矛盾是无产阶级和资产阶级之间的矛盾，解决这一矛盾的方法是社会主义革命；在社会主义建设过程中，社会中包含的主要矛盾是人民群众日益增长的物质文化需要同落后的社会生产之间的矛盾，解决这一矛盾的根本方法就是大力发展生产力。在这一过程中，党和国家的工作重心必须转移到以经济建设为中心的社会主义现代化建设上来，大力发展社会生产力，并在此基础上逐步改善人民群众的物质文化生活水平。

3. 事物发展过程中的各个不同阶段上矛盾的特殊性

一个事物的发展过程往往分成许多不同阶段，在不同阶段上的矛盾各有其特点，这也是矛盾特殊性的表现。例如，中国新民主主义革命作为一个过程，又可以分为不同阶段：第一次国内革命战争、第二次国内革命战争、抗日战争、第三次国内革命战争。这些阶段中所包含的社会矛盾是不同的，解决矛盾的方法也不同。第一次国内革命战争阶段，社会中包含的主要矛盾是人民大众和封建主义制度的矛盾，解决的办法是进行国内革命战争；第二次国内革命战争阶段，社会中包含的主要矛盾仍然是人民大众和封建主义制度的矛盾，只是新军阀代替了旧军阀，解决的办法是进行反抗国民党的国内革命战争；抗日战争阶段，社会中包含的主要矛盾是中华民族和日本帝国主义之间的矛盾，解

① 《毛泽东选集》，2版，第1卷，309页，北京，人民出版社，1991。

决的办法是进行抗日战争；第三次国内革命战争阶段，社会中包含的主要矛盾是人民大众和大地主、大资产阶级的矛盾，解决的办法是进行打倒国民党反动派的国内革命战争。同样，在一个人的生命过程中，有幼年、童年、少年、青年、中年、老年等不同阶段，在不同阶段，其新陈代谢的情况是不同的，同化和异化这一矛盾的表现和解决方式也是不同的。

4. 事物中不同矛盾和矛盾各个不同方面的特殊性

在一个事物的发展过程中存在着若干不同的矛盾，这些矛盾各有其特殊性。毛泽东这样分析过中国资产阶级民主革命过程中存在的各种不同矛盾：“有中国社会各被压迫阶级和帝国主义的矛盾，有人民大众和封建制度的矛盾，有无产阶级和资产阶级的矛盾，有农民及城市小资产阶级和资产阶级的矛盾，有各个反动的统治集团之间的矛盾等等，情形是非常复杂的。”① 不仅这些矛盾各有其特殊性，要分析研究它们的特殊本质，要采取不同的解决办法，而且每一种矛盾的两个方面又各有其特殊性，表现出不同的特点，因此，要认真分析研究矛盾的各个方面。

所谓分析研究矛盾的各个方面，就是分析研究它们每一个方面各占何等地位，各用何种具体形式和对方发生互相依存又互相对立的关系，在互相依存破裂后又各用何种具体的方法和对方作斗争。只有分析研究这些问题，才能更好地分析具体情况，才能实事求是地解决问题。教条主义者是不懂得这一道理的，他们从来不去具体地分析研究任何事物，说话、做文章总是空洞无物，这是一种非常不好的作风。

我们在分析研究问题的时候，不能带有主观性、片面性和表面性。所谓主观性，就是不能用辩证唯物的观点看问题，不能客观地看问题；就是不善于深入实际进行调查研究和亲身体验生活，只凭主观臆测或书本知识就下结论。所谓片面性，就是不能够全面地看问题，不了解矛盾各个方面的特点，“只见树木，不见森林”。片面性是妨碍我们找出解决矛盾的具体方法的大敌，看问题带有片面性的人在实际工作中往往会“碰钉子”。所谓表面性，就是认为没有必要深入事物里面精细地研究矛盾的特殊性，仅仅限于对矛盾的表面观察就着手去解决矛盾，这种做法没有不出乱子的。教条主义者和经验主义者的错误都是来自其方法的主观性、片面性和表面性。

5. 主要矛盾与矛盾主要方面的特殊性

我们在日常生活和工作当中，经常强调要抓主要矛盾、“抓主流”，那么这个问题如何理解呢？其实也是分析矛盾的特殊性，就是要分析主要的矛盾和矛盾的主要方面。

首先就是要分清主要矛盾和非主要矛盾（或次要矛盾）。什么是主要矛盾？“在复杂的事物的发展过程中，有许多的矛盾存在，其中必有一种是主要的矛盾，由于它的存在和发展规定或影响着其他矛盾的存在和发展。”② 可以看出，主要矛盾和非主要矛盾是根

① 《毛泽东选集》，2版，第1卷，311～312页，北京，人民出版社，1991。
② 同上书，320页。

据矛盾在事物发展中的不同地位和作用来区分的：主要矛盾是在许多矛盾构成的矛盾体系中起主导、决定作用的矛盾，决定事物发展的进程和方向，规定和影响着其他矛盾的存在和发展；非主要矛盾（或次要矛盾）是指处于从属、被支配地位的矛盾。

主要矛盾和非主要矛盾（或次要矛盾）的区分表明，各种矛盾在事物及其发展过程中的地位与作用是不平衡的。主要矛盾和非主要矛盾（或次要矛盾）是互相依存、互相作用的。没有主要矛盾，就无所谓非主要矛盾，反之亦然。主要矛盾规定、制约着非主要矛盾（或次要矛盾），非主要矛盾（或次要矛盾）的存在和发展也影响着主要矛盾的发展进程。主要矛盾和非主要矛盾（或次要矛盾）在一定条件下，可以互相转化。

我们举例子来说明可能比较好懂一些。在我国民主革命阶段，抗日战争爆发之前阶级矛盾是主要矛盾，国、共两党之间是敌我矛盾。如果不解决这个矛盾，中国革命就无法进行。国、共两党在中国民主革命问题上观点不一样，道路不一样，依靠的力量不一样，革命的目的不一样。怎么能合作呢？合作不成，那就要进行斗争，这就是主要矛盾。至于中、日之间的民族矛盾也已经存在，但不是主要矛盾，而是非主要矛盾（或次要矛盾）。但是，抗日战争一爆发，国、共两党之间的阶级矛盾就从主要矛盾变成了次要矛盾。抗日战争爆发后，中国的主要矛盾是中华民族与日本帝国主义之间的矛盾。主要矛盾和非主要矛盾（或次要矛盾）也是不断变化的，不同时期事物的发展，起主要作用的矛盾就是主要矛盾。当时中华民族和日本帝国主义之间的矛盾如果不解决，阶级矛盾也解决不了。中国共产党的领导人当时能看清主要矛盾，在党的指导思想——马克思主义的指引下，不是凭想象，而是凭实践，获取了一个又一个的胜利。因此，分清主要矛盾和非主要矛盾非常重要。新中国成立之后也是如此，有一段时间，我们把阶级斗争扩大化了，没有抓住主要矛盾。改革开放后，我们党明确地提出把经济建设作为工作的中心去抓，这就抓住了主要矛盾。新中国成立了，主要的敌人，刀对刀、枪对枪的敌人被消灭了，尽管还有些暗藏的敌人，但是，不能长期地、主要地把他们作为主要矛盾对待；尽管不能作为主要矛盾，但可以作为非主要矛盾，作为一般工作去做。

哲学对经济的贡献可能比任何一种学问都大、都长远、都普遍，特别是高层领导者更要注意这一点，要时刻注意主要矛盾和非主要矛盾的变化，因为它们有时会转化。这是一个非常重要的问题，有时就是因为矛盾转化了，而我们的思想没有跟上，就有可能犯错误。我们要不断地进行分析，抓住每一个时期的主要矛盾，集中力量去解决。

在工作当中坚持“两点论”与“重点论”的统一，这是什么意思呢？要知道“两点论”和“重点论”的含义，就要研究矛盾的主要方面和次要方面。在一个具体的矛盾中，有主要的方面和次要的方面。什么是矛盾的主要方面和次要方面？矛盾的主要方面是处于支配地位的方面；矛盾的次要方面是处于被支配地位的方面。

我们还举中国抗日战争的例子：中日矛盾是中国抗日战争时期的主要矛盾，在这一矛盾中，矛盾的主要方面和次要方面是不断变化的。一开始，日本占据矛盾的主要方面，它的各方面力量都比较强，处于支配地位。这个方面决定着当时整个形势的发展变化。在正面战场，日本帝国主义长驱直入，国民党军队节节败退。当时共产党的领导人是这样分析的：我们只要坚持抗战，矛盾的主要方面就会变化。日本帝国主义一开始是占据主导的、支配的地位，但是经过我们的敌后抗战，共产党在敌后发动群众，形成人民战争的汪洋大海之后，日本帝国主义的优势就会变成劣势，中国就会由矛盾的次要方面变成主要方面。所以，矛盾的主要方面和次要方面也是随着矛盾双方力量对比的变化而发生变化的。

在现实生活中，我们要善于分析这两个不同的方面，抓住主要方面去解决问题，这就是“重点论”。我们要善于抓矛盾的主要方面，同时，不要忽视矛盾的次要方面，这就是“两点论”。如果只抓矛盾的主要方面，忘记了矛盾的次要方面，就是片面的。我们过去讲“不要捡了芝麻，忘了西瓜”，“忘了西瓜”固然不对，但有时候“忘了芝麻”也会影响你“捡西瓜”，这是一种辩证法的思考。毛泽东举了“弹钢琴”的例子来说明“两点论”和“重点论”的关系，说“弹钢琴”要有“重点”和“非重点”，不是均衡的。“弹钢琴”时十个指头都要动，但重点是不同的。如果十个指头均衡地动就不是“弹钢琴”，那是“砸钢琴”，就是“均衡论”。所谓“均衡论”，就是“眉毛胡子一把抓”，事事均衡而没有重点。十个指头都要动，但是，哪个重，哪个轻，钢琴家非常清楚，那才叫艺术。我们既要全面地抓工作，也要重点地抓工作，这样工作才有成效。

6. 基本矛盾和非基本矛盾的特殊性

分析基本矛盾和非基本矛盾，对于很多同学来说可能是一个难点。什么叫基本矛盾？什么叫非基本矛盾？基本矛盾也叫根本矛盾，是指那些规定事物的根本性质并对事物发展全过程起支配作用的矛盾。事物的基本矛盾是事物存在和发展的基础，如果基本矛盾不存在，事物也就不存在了。基本矛盾贯穿事物发展过程的始终，是事物发展的根本原因。在基本矛盾的基础上，还会在事物发展的若干阶段上产生若干不规定事物根本性质的矛盾，称为非基本矛盾。

基本矛盾和非基本矛盾的性质以及在事物发展过程中的地位、作用都是不同的，其解决的方法也会不同，因此，我们要认真进行分析研究。基本矛盾和非基本矛盾是对立统一的关系：基本矛盾是非基本矛盾的根源，非基本矛盾是基本矛盾的表现；基本矛盾决定非基本矛盾并且规定事物的本质和发展方向，非基本矛盾反作用于基本矛盾并且通过基本矛盾影响事物的发展。认识基本矛盾与非基本矛盾的辩证关系，可以使我们认识事物发展的根本原因，把握事物发展的根本规律和进程。①

当然，单凭定义仍然很难理解，我们还是举个例子来说明吧。人类社会的基本矛盾是生产力和生产关系、经济基础和上层建筑的矛盾，它们是人类社会存在和发展的基础，是社会发展的根本动力，是社会其他各种矛盾产生和发展的根源。这两对社会基本

① 参见《哲学大辞典》（修订本），584 页，上海，上海辞书出版社，2001；刘延勃等主编：《哲学辞典》，571～572 页，长春，吉林人民出版社，1983。

矛盾贯穿于各个社会形态之中，非到社会过程完结之日是不会消失的。在这个基础之上，许多非基本矛盾不断产生又不断消失，同时又有新的矛盾产生。旧的矛盾解决了，新的矛盾又产生了，正像毛泽东所说："事物发展过程的根本矛盾及为此根本矛盾所规定的过程的本质，非到过程完结之日，是不会消灭的；但是事物发展的长过程中的各个发展的阶段，情形又往往互相区别。"[①] 这就是说，基本矛盾虽然没有消失，但不是没有变化，它们在漫长过程中的各个发展阶段上采取了逐渐激化的形式。如前所述，生产力和生产关系、经济基础和上层建筑的矛盾贯穿于人类社会的始终，但是，在不同的时期有着一些不同的表现：在资本主义社会，社会基本矛盾表现为生产的社会化和生产资料私人占有之间的矛盾，其他一切矛盾都受这一矛盾的支配。资本主义社会的主要矛盾是工人阶级和资产阶级的矛盾。社会主要矛盾是社会基本矛盾在不同发展阶段上的直接表现，也是由社会基本矛盾支配的。除此以外，还有若干社会阶层之间的矛盾，例如手工业者、工人和农民也有矛盾，这些矛盾对资本主义社会的发展不起决定性的作用，对解决生产力和生产关系的矛盾虽然会产生一些影响，但是不起最终的、决定事物本质的作用。这就是基本矛盾和非基本矛盾的不同。

关于基本矛盾和非基本矛盾的关系，我们概括一下：基本矛盾制约整个事物的发展过程，决定着它的本质；非基本矛盾对事物发展起到一定的甚至是重要的影响，但不起决定作用。这样来分析这种矛盾关系是非常重要的，特别是我们在制定社会发展的大政方针的时候，要注意到这一点。要弄清楚社会基本矛盾及其具体表现是什么、非基本矛盾是什么，否则，制定社会发展的大政方针就会出现偏差甚至犯错误。越是高层领导，越要学习唯物辩证法，学习矛盾分析的方法。

7. 内部矛盾和外部矛盾的特殊性

事物内部各种要素之间的矛盾关系，称为内部矛盾；这个事物和它周围的事物以及外界环境之间的关系，称为外部矛盾。内部矛盾和外部矛盾各有其特点，要分清内、外部矛盾并采取不同的解决方法。内部矛盾和外部矛盾这对关系对于我们分析、解决事物的矛盾是非常重要的，因此，我们分析和解决问题的时候，首要的任务就是分清内部矛盾和外部矛盾。

内部矛盾是事物发展的内部原因，简称内因；外部矛盾是事物发展的外部原因，简称外因。按照唯物辩证的观点，内因决定事物发展的基本趋势和方向，是事物自我运动、自我发展的内在根据和决定力量，而外因只是事物变化的条件。外因通过内因起作用。从这一原理来说，任何人有了问题就应该首先找找自己的原因，这并不是说外部原因不重要，只能说它是次要的，次要的外因只起到加速或者延缓事物发展进程的作用。明白了内部矛盾和外部矛盾的关系之后，我们该怎样去处理问题就心中有数了。

内部矛盾和外部矛盾关系原理是我们国家"独立自主、自力更生"方针的哲学依

① 《毛泽东选集》，2版，第1卷，314页，北京，人民出版社，1991。

据。依靠自身的力量而达到自身的强大，但不是完全不依靠外援。事物的发展即使要依靠外界的力量，也要以自身为主，并且外界力量要真正能够发挥作用还是要依靠自身。中国现在提出的自主创新的发展战略，依据的也是这一哲学思想。中国加入 WTO，为我们的经济发展提供了一个很好的世界市场，这是一个外部条件。我们要进行内部调整去适应它，那么，这个外部条件能否发挥作用以及发挥作用的大小，关键还是要看能否处理好我们的内部矛盾。对于那些不适应世界市场的因素，我们要想办法尽快消除，要尽快和世界市场接轨，包括企业本身的技术问题、人员素质问题、管理制度，也包括国家的法律等，都要去适应这个新的条件变化。如果不适应，加入 WTO 就不见得是一件好事。我们把世界市场比作大海，在国内就是一个小小的海湾，有各种政策的保护。对于一个有准备、有能力、会游泳的人来说，将他推向大海，就为他提供了一个充分展现其能力的平台。像海尔、TCL 等一些大集团、大企业，它们早就走向了国际市场。有些企业早就在国际市场闯开了自己的路子，中国加入 WTO 之后，它们就如鱼得水了：一条大鲸鱼放到海洋中去，到太平洋里面肯定比在渤海湾里舒服得多。这就是海阔凭鱼跃！但是，有些企业却因为中国加入 WTO 而叫苦不迭，为什么呢？就是因为它自己没有准备好，没有能力，就像一个不会游泳的人，甚至说，他就不想游泳，你硬把他推到太平洋里面去，结果可想而知。

（三）矛盾的普遍性和特殊性的辩证关系

“矛盾的普遍性和矛盾的特殊性的关系，就是矛盾的共性和个性的关系。其共性是矛盾存在于一切过程中，并贯串于一切过程的始终，矛盾即是运动，即是事物，即是过程，也即是思想。否认事物的矛盾就是否认了一切。这是共通的道理，古今中外，概莫能外。所以它是共性，是绝对性。然而这种共性，即包含于一切个性之中，无个性即无共性。假如除去一切个性，还有什么共性呢？因为矛盾的各各特殊，所以造成了个性。一切个性都是有条件地暂时地存在的，所以是相对的。这一共性个性、绝对相对的道理，是关于事物矛盾的问题的精髓，不懂得它，就等于抛弃了辩证法。”[①] 比如，生产力和生产关系的矛盾、经济基础和上层建筑的矛盾是所有人类社会都存在的基本矛盾，这就是普遍性。但是，在原始社会、奴隶社会、资本主义社会、社会主义社会，它的表现是不一样的。所以，我们在分析矛盾的普遍性以后，要注意分析其特殊性。普遍性和特殊性之间的关系就是事物的共性和个性之间的关系。

在日常生活和工作中，我们要注意普遍性和特殊性、共性与个性的关系，千万不要把共性当成个性，也不要把个性当成共性。在现实社会中，一种极端是以共性代替个性，就是典型的教条主义。书本上讲的是共性，读了书后，就按着书本上的条文去到处套，这就是教条主义，“王明式”的教条主义。王明背马列原著背得很熟，背完后，便

① 《毛泽东选集》，2 版，第 1 卷，319～320 页，北京，人民出版社，1991。

自称是“百分之百”的布尔什维克。当然，从理论上来讲，他好像掌握了马克思主义，实际上他只是抓住了普遍性的东西，他并不能解决具体问题。要解决具体问题，就要在普遍原则指导下具体分析具体情况。比如说，搞阶级斗争是一个普遍原则，但是具体怎么搞呢？是在城市暴动还是去农村起义？当初所谓的“左派”布尔什维克学列宁，因为列宁领导城市暴动成功了，“十月革命”成功了，所以，他们也在中国的大城市领导暴动，结果暴动失败了，很多革命者被捕甚至流血牺牲了。但教条主义者还不接受教训，一次失败，再搞一次，还是失败。最后，毛泽东结合实际思考问题，举行秋收起义后，他顶住很多压力，把部队带到了井冈山，保住了革命的火种，后来，革命成功了。这就是结合实际与不结合实际的区别。教条主义实际上就是唯心主义，从根源来讲是主观唯心主义。

另一种极端是只考虑特殊性，不考虑普遍性，否认理论的重要性，就是把个性当成了共性，把一个局部的经验当成了普遍的真理，这叫经验主义，狭隘的经验主义其实也是主观唯心主义。这种唯心主义在革命战争年代和经济建设的初期，都给我们造成了一系列的挫折和损失。革命战争年代，如“西安事变”时，有两种观点，其中有一种观点就是主张把蒋介石杀掉。把蒋介石杀掉，是一种阶级感情的反映，这从局部来看是没有问题的。为什么呢？蒋介石是我们党的头号敌人。但从全国当时的形势变化来讲，是不对的。如果杀掉他，会给一些亲日派加强进攻陕北提供一个理由，引起中国内部的混乱，内战就要重新升级，这就会给日本帝国主义以可乘之机，它就有可能会顺利地占领中国。根据对当时形势的分析，中国共产党不计前嫌，积极争取和平解决“西安事变”。最后，在我党的斡旋下，西安事变和平解决。是辩证唯物主义的世界观指导我们党做出了促使“西安事变”和平解决的决定。这是为了大局舍弃个人的、团体的恩怨，为了中华民族的利益而做出的决定。这就是全面的、科学的思想，是在矛盾的普遍性和特殊性问题上的对立统一观点，而不是把普遍性和特殊性完全对立起来，或者用普遍性去代替特殊性。马克思主义把解决好共性与个性之间的关系看得很重要，认为这个关系问题是关于矛盾问题的精髓。

第二节　唯物辩证法的结构与体系

我们在把握唯物辩证法的实质和核心的基础上，还要善于从整个体系把握唯物辩证法的内容，即三大规律、五对范畴。三大规律是对立统一规律、质量互变规律、否定之否定规律，其中对立统一规律统帅、支配着其他两大规律，而其他两大规律则服从和体现对立统一规律。五对范畴包括原因和结果（逻辑依据）、偶然性和必然性（实现形式)、现象和本质（表里关系)、形式和内容（要素结构)、可能性和现实性（基本趋势)，它们都是对立统一规律的具体体现并受对立统一规律的制约。

一、质变和量变的对立统一

质变和量变是从事物发展的“形式”和“状态”来表现对立统一规律的。为了考察量变和质变的矛盾运动，我们首先对一些相关的概念作简单说明。

（一）事物的质、量、度

事物的质是一事物区别于其他事物的内在规定性。例如，我们说人的本质是“一切社会关系的总和”，就是说人离开了“社会关系”就不能称其为人。这是人与其他动物的本质区别。当然，人与其他动物的区别不仅限于其本质方面，在其他非本质方面也存在质的不同，人在生命活动、精神活动等方面都与其他动物有着质的不同，不能简单类比。

事物的量是事物的规模、程度、速度、结构等可以用数量关系表示的规定性。还是以“人”为例来说明：人的社会性越强，社会关系展开的规模越大、程度越高，与其他动物的区别就越明显，也就是说，人的本质特征就越突出。在生产力极其低下的情况下，人的活动范围受到极大的限制，社会交往贫乏，社会关系简单，因此，人的本质特征也不十分明显，在人类的远古时期就是这样。随着生产力的发展，人的活动范围不断扩大，社会关系越来越复杂化、多样化，人的本质特征就逐渐展现出来。马克思主义认为，工业的历史和工业已经产生的对象性存在，是一本打开了的关于人的本质力量的书。人的本质正是随着生产力的发展程度提高而不断展开，从而得到越来越全面的表现的。上面所说的“生产力的发展程度”、“人的活动范围”、“社会关系的复杂化、多样化”等都是量的规定性，其中，“社会关系的复杂化、多样化”这种量的规定性直接影响着人的本质的展现。这里我们已经涉及了质和量的对立统一问题，哲学中反映质和量对立统一的范畴是“度”，下面我们具体考察“度”这个范畴。

事物的度是事物的质和量的统一。度是事物保持其质的数量界限，表示事物的质所依赖的数量的变化幅度和范围。度的两端称为“关节点”或“临界点”。事物的数量变化超出这个“关节点”，事物的质就会改变。黑格尔说：一切人世间的事物——财富、荣誉、权力甚至快乐、痛苦等皆有其一定的尺度，超越这个尺度就会招致沉沦和毁灭。黑格尔所说的“尺度”就是事物保持其质的量的范围，即事物的“度”。追求财富、荣誉、权力等并不是坏事，但是不顾一切地去追求这些东西，甚至为这些东西而违法犯罪，就会事与愿违，走向事物的反面，将好事变成坏事。“乐极生悲”也是这个道理：追求快乐也要有个“度”，否则，追求到的就不一定是“快乐”，反而可能是“悲伤”了。

事物的度这一范畴告诉我们：在认识和处理问题时要掌握“适度”的原则。是否注意“适度”的原则，往往关系到实际工作的成败。

（二）量变和质变的辩证运动

1. 量变和质变

量变，也称“渐变”，是事物数量的增减或结构、场所的变更，是一种保持事物的质的相对稳定性的、逐渐的、不显著的变化，体现了事物渐进过程的连续性。量变有两种形式：一是数量的增减和场所的变更；二是构成事物的成分在排列顺序和结构方式上的变化。日常生活中我们所见到的“平衡”、“统一”、“静止”、“稳定”等现象，实际上都是事物处于量变过程中所呈现出的状态。这里所说的“静止”、“稳定”，不是不动，而是运动的特殊状态，是一种保持事物质不变的情况下的相对平衡状态。水在加热过程中，只要尚未达到“沸点”，就处于量变过程中，就表现为“静止”状态；加热到一定温度（100℃），就会（在物理学的意义上）发生质变，由一种质态（水）变为另一种质态（汽）。

质变是事物性质的根本变化，是事物由一种质态向另一种质态的飞跃，是突破了“度”的界限而出现的渐进过程的中断，是一种显著的变化。区别量变和质变的根本标志，是看事物的变化是否突破了“度”的范围。例如，《中华人民共和国刑法》第三百八十三条、第三百八十六条在规定贪污、受贿罪的定罪量刑情节时，采用了具体的数额表述：个人贪污、受贿额在 5 000 元以上的，构成贪污罪、受贿罪。5 000 元就是从一般贪污、受贿行为转变为犯罪的一个“度”，就是一个“关节点”。当然，不是说在这个“度”的范围内的贪污、受贿行为就是允许的，而是说在这个“度”的范围内的贪污、受贿行为不是犯罪，不受刑法的制裁，但是要受其他法律、纪律、道德的惩罚和谴责。

2. 量变和质变的（辩证关系）矛盾运动

量变和质变是对立统一的关系，二者处在不断的矛盾运动之中。量变是质变的必要准备。“冰冻三尺，非一日之寒”以及“千里之堤，溃于蚁穴”都说明了事物发生质变之前量变的积累过程。质变是量变的必然结果。量变和质变相互渗透：在总的量变过程中有阶段性和局部性的部分质变，如中国新民主主义革命时期的革命根据地就是这种部分质变；在质变过程中也有旧质在量上的收缩和新质在量上的扩张，中国新民主主义革命时期国共两党力量对比的变化就是一个典型实例。

量变和质变是相互依存、相互贯通的，量变引起质变，在新质的基础上，事物又开始新的量变，如此交替循环，形成事物质量互变的规律性。质量互变规律体现了事物发展的渐进性和飞跃性的统一。质量互变规律告诉我们：事物的发展是在一定质的基础上从量变到质变再到新的量变的过程，我们要注意量变和质变的关系。“不积跬步，无以至千里；不积小流，无以成江海。”事物量变、质变及它们的相互转化表明，在对事物进行定量分析和定性分析时，应该用发展的观点看问题，要看到事物发展过程中的量变和质变，只有这样，才能科学地揭示事物发展的规律性。

二、肯定和否定的矛盾运动

否定之否定规律从“方向”和“道路”方面表现对立统一规律。

（一）肯定和否定

事物内部存在着两种因素或两个方面，这就是肯定方面和否定方面。肯定方面是指决定事物当前的性质、保持事物存在的方面。否定方面是指同事物当前性质相反的、促使事物灭亡的方面。例如，生命运动过程是生与死的矛盾斗争过程。一个生命体的生命活动必须通过“新陈代谢”进行，在“新陈代谢”过程中，每时每刻都有新的细胞产生，都有旧的细胞死亡，这种细胞的“生”与“死”的矛盾运动正是生命活动中的肯定与否定。当“生”的方面（肯定方面）占主导地位时，生命体处于上升阶段，表现出旺盛的生命力；当“死”的方面（否定方面）占主导地位时，生命体处于衰落阶段，表现出生命力逐渐减弱的趋势。

（二）辩证否定观的基本内容

（1）辩证的否定是事物的自我否定，是事物内在的矛盾（肯定和否定）运动发展的必然结果。

（2）否定是事物发展的环节。辩证的否定是事物发展的决定性环节：只有经过否定，事物才能继续向前发展。如果不否定那些已经过时的东西，新事物就无从产生。辩证的否定是旧事物向新事物的转变。

（3）否定是新旧事物联系的环节。新事物孕育、产生于旧事物，新旧事物是通过否定环节联系起来的。辩证的否定是新旧事物之间联系的环节。否定不是对旧事物的全盘抛弃，而是吸收和保留了旧事物中的积极的、合理的因素，作为自身进一步发展的条件。

（4）辩证的否定的实质是“扬弃”，即新事物对旧事物既批判又继承，既克服其消极因素又保留其积极因素。

（三）否定之否定

1. 辩证的否定是事物发展的决定性环节

事物的发展是由肯定到否定，又由否定到否定之否定的自我发展、自我完善的辩证运动。事物的辩证发展过程经过第一次否定，使矛盾得到初步解决。而处于否定阶段的事物仍然具有片面性，还要经过再次否定，即否定之否定，实现对立面的统一，使矛盾得到解决。事物的发展经过两次否定，继承了旧事物中的合理因素，抛弃了其不合理因素，在更高的起点上“回到”自身。但这并非简单的重复，而是在更高层次上的“复归”。正是事物发展的这种“周期性”和“回复性”，才使得事物发展前进的道路轨迹呈现为螺旋式的上升曲线或波浪式的前进曲线。

事物的发展有两个重要特征：从发展的趋势和方向来看，是前进的和上升的；而从发展的道路来看，则是迂回曲折的。任何事物的发展都是前进性和曲折性的统一。如下所示的发展过程能够进一步说明这个问题：

肯定—否定—否定之否定（重新肯定）……

种子—植物—更多新种子……

可以看出，事物的辩证发展经过两次否定、三个阶段，形成了一个周期。上一个周期和下一个周期的无限交替，使事物的发展呈现出波浪式前进或螺旋式上升的总趋势。

2. 否定之否定规律的指导意义

辩证否定观要求人们对任何事物都采取科学分析的态度，既不能肯定一切，也不能否定一切。事物的发展是前进性与曲折性统一的原理告诉我们：不要将事物的发展设想得完全“一帆风顺”，要充分估计其困难和曲折。否定之否定规律要求我们反对肯定一切和否定一切的形而上学否定观。形而上学否定观在人类历史上给我们留下了深刻的教训，如苏联的“无产阶级文化派”就是一个典型。“无产阶级文化派”是十月革命后俄国无产阶级文化协会中以 A. A. 波格丹诺夫为首的一些领导人所形成的思想派别，宣扬摒弃文化遗产，主张在“实验室”的条件下建立所谓“纯粹”的无产阶级文化，认为沙皇时期的一切东西都应摒弃，包括沙皇时期修筑的铁路。

三、五对范畴之间的“对立统一”关系

唯物辩证法的五对基本范畴从不同侧面表现了事物之间的对立统一关系。原因和结果从事物运动的逻辑依据表现对立统一规律，说明原因与结果之间的内在逻辑联系；偶然性和必然性从事物运动发展的实现形式反映对立统一规律，说明必然性通过偶然性为自己开辟道路这一事物运动发展的规律性；现象和本质从表里关系反映事物的对立统一关系，揭示现象是以本质之间的内在联系和透过现象看本质的认识规律；形式和内容从要素结构的角度反映对立统一关系，揭示事物的构成要素与这些要素的结构形式之间的辩证关系；现实性和可能性从事物发展的基本趋势反映对立统一规律，揭示现实性和可能性的内在联系及相互过渡的条件。

（一）原因和结果的对立统一

原因和结果是揭示事物发展过程中先后相继、彼此制约的一对范畴。在物质世界的普遍联系和永恒发展的过程中，每一现象总是由别的现象引起的，而任何现象总会引起别的现象。引起一定现象的现象是原因；由于原因的作用而产生的现象是结果。辩证唯

物主义坚持因果关系的客观性，认为因果关系是客观世界一切事物和现象所固有的。客观事物和过程具有多种多样的联系，我们通常所理解的因果性只是世界联系的一小部分。世界上客观事物之间的联系是辩证的，原因和结果是对立统一的关系。

原因和结果的对立表现在：在特定的因果关系中，原因就是原因，结果就是结果，不能颠倒，不能易位；不能将原因说成结果，也不能将结果说成原因。例如，管理不善—矿难，矿难—企业倒闭，这是两个具体的因果链条，这里的“管理不善”是导致“矿难”的直接原因，“矿难”也是导致“企业倒闭”的主要原因。不能颠倒过来说“矿难”是导致“管理不善”的直接原因，同样，也不能说“企业倒闭”是导致“矿难”的原因。

原因和结果的统一表现在：在世界的普遍联系中，原因和结果是相互作用、相互转化的。某种现象在一种关系中是原因，在另一种关系中则是结果；在一种关系中是结果，在另一种关系中则是原因。例如，在学习态度—学习成绩—工作能力—工作岗位—工作成就这一因果链条中，“学习成绩”是“学习态度”的结果，但是，它又是“工作能力”的原因；“工作能力”是“学习成绩”的结果，但是，它又是“工作岗位”的原因。其他现象也有类似的情况。当然，这里说的原因只是部分原因，结果也不是唯一结果，具体问题要具体分析。

因果联系有两个特点：一是时间上的先后顺序性，即“前因后果”；二是因果间存在着引起和被引起的必然联系。只有同时包含这两个特点的联系，才能确定是因果联系。地球绕太阳公转与春夏秋冬四季更替是因果关系，前者是原因，后者是结果；地球自转与昼夜交替是因果关系，前者是原因，后者是结果。但是，有些现象之间虽然在时间上是先后顺序，但是不存在“引起和被引起的必然联系”，那么，它们就不是因果关系，例如，“昼”和“夜”虽然是前后相继的关系，但它们之间不是因果关系，“昼”不是“夜”的原因，“夜”也不是“昼”的结果，反之亦然。

（二）偶然性和必然性的对立统一

1. 偶然性和必然性的基本概念

必然性是指事物联系和发展过程中确定不移、一定如此的趋势。必然性同规律性是同一序列、同等程度的范畴，它们反映的都是事物内部稳定的、一般的、深刻的联系和发展趋势。必然性形成的原因和根据是事物内部的根本矛盾。必然性在事物的联系和发展中居于支配地位，起着决定性的作用，决定着事物的前途和方向。

偶然性是指事物联系和发展过程中不确定的趋势，即可能出现也可能不出现、可能这样出现也可能那样出现的趋势。偶然性反映的是事物整体中的个别、局部及表面现象的变化趋势，反映的是事物总过程中各具体阶段的发展趋势。偶然性是由事物内部的非根本矛盾和外部矛盾引起的。偶然性不能决定事物的前途和方向，只能加速或延缓事物发展的进程，使事物发展过程具有这样或那样的特点。

由社会基本矛盾决定的社会形态的进步：原始社会—奴隶社会—封建社会—资本主义社会—社会主义社会—共产主义社会，这种历史发展的总趋势是一种必然性，但是，一种社会形态过渡到另一种社会形态的具体形式可能有多种偶然性，如历史上德国没有经过奴隶制社会就进入了封建社会，美国超越封建社会就进入了资本主义社会，中国等国家超越资本主义的充分发展或独立发展阶段而直接进入了社会主义社会，这些都具有某种“偶然性”，这是由当时的具体历史条件决定的，并不违背历史的必然性，恰恰相反，这是必然性的具体表现。

2. 偶然性和必然性的辩证关系

（1）必然性离不开偶然性。必然性存在于偶然性之中，只有通过大量的偶然性才能表现出来，并为自己开辟道路。偶然性是必然性的必要补充和表现形式。

（2）偶然性也离不开必然性。凡是存在偶然性的地方，其背后总是隐藏着必然性；凡是偶然性起作用的地方，它始终受着内部必然性的支配。有的同学说这次考试“没有发挥好”，是一种“偶然性”，但是，这种“偶然性”的背后有没有必然性呢？“平时不认真学习”可能就是“没有发挥好”的必然结果，这就是必然性。

（3）必然性和偶然性在一定的条件下可以相互转化。从事物的联系和发展的过程来看，在前一阶段为偶然性的东西，到了后一阶段可能转化为必然性的东西；反之亦然。从事物存在的范围看，在一定范围内是偶然的东西，在另一范围内则可能转化为必然的东西；反之亦然。

我们应坚持必然性和偶然性辩证统一的原理，使我们的认识和实践活动立足于客观必然性的可靠基础之上，不能把希望寄托在侥幸的偶然事件上。我们都听说过“守株待兔”的故事，兔子撞死在树桩上，这就是一个偶然。现在成语“守株待兔”用来比喻妄想不劳而获，或死守狭隘的经验而不知变通，其哲学根源就是将偶然性错误地当成了必然性。

据说世界上没有两片完全一样的树叶，这也是必然性和偶然性问题。我们看见的树叶没有完全相同的，这就是由偶然性决定的。树必然长叶子，这种树的叶子与其他树的叶子不一样，这是必然性。我们根据这个必然性，把这棵树和那棵树区别开来。但是在同一棵树中，找不到完全相同的两片叶子，这就是偶然性。这是由很多条件来决定的，枝条的长短不同，接受阳光的角度不同，由于这些偶然性就造成了树叶多少有一些区别。

举一个例子：英国著名剧作家莎士比亚是在 1616 年 4 月 23 日去世的，巧合的是，这天正好是他的生日。在英国，这件事情就像他的戏剧一样，让人们觉得充满了神秘魅力。我们经常讲，人固有一死。为什么固有一死呢？这就是一个必然性。人与其他的生命体一样，会有一个出生、成长、成熟、死亡的过程，这是一个客观的必然的现象。但是死亡如果和生日是一天，假如不是故意安排的话，就是很偶然的一种巧合。

还有一个例子：1886 年，有两个人发现了在铝矿石中提取出铝的方法，一个是美国的霍尔，另一个是法国的埃鲁。这不是奇怪的事情。奇怪的是，他们是在同一年出生的（1863年），而且他们也是在同一年死亡的（1914年）。这样算不算是一种巧合呢？这个应该说是类似的一种巧合。因为有三个因素凑在一起，看起来好像是有什么必然性在其中起着什么作用。可能有很多因素造成了这三个因素的巧合，它有一定的必然性。但是大家想一想，这三种因素凑在一起，全世界能找到多少？所以从这种事件发生的频率来看，也应该是一种偶然、一种巧合。

偶然性和必然性的辩证统一的关系，是唯物辩证法非常重要的一对关系。凡是偶然性背后都有一种必然性在起着支配作用，凡是必然性又都通过偶然性表现出来。大到科学研究，小到现实生活，我们要善于从偶然现象中抓住它背后的必然性，善于去深入研究，抓住本质的东西。这就是科学的任务，也是我们认识事物的一种有效的方法和途径。我们要善于利用偶然性，把它当做我们认识事物本质的一个向导，循序渐进，一步步地深入，找到事物的本质。

（三）现象和本质的对立统一

我们经常说“透过现象看本质”，但是，什么是现象？什么是本质？我们首先要弄清楚这两个概念。现象是事物的表面特征以及这些特征的外部联系，是事物外在的、易变的方面，是本质的外在表现形式。本质是事物的根本性质，由事物本身包含的特殊矛盾构成，是事物各要素之间的内部联系，是事物内在的、相对稳定的方面，隐藏在现象后面并表现在现象之中。

辩证唯物主义把本质和现象看作客观现实的相互联系的两个方面，二者是既对立又统一的关系。本质和现象的对立表现在：本质是同类现象中的一般的、共同的东西，现象则是本质的具体的个别的表现；本质是比较单一的、稳定的东西，现象则丰富多彩、变动不居；本质是内在的、隐蔽的、深刻的，只有思维才能把握，现象则是表面的、外露的，直接呈现给人们的感官。本质和现象的统一表现在：本质和现象相互联系、相互依赖，任何事物都有其本质和现象；现象是本质的现象，是本质的外部表现；本质是现象的本质，是现象的内部联系；任何事物的本质都要通过多种多样的现象表现出来，任何现象又都是从某一特定的方面来表现事物的本质；本质决定现象，现象依赖本质。

本质和现象之间的对立统一关系，一方面决定了科学研究的必要性，因为本质和现象之间总是存在着差别和矛盾；另一方面决定了科学研究的可能性，因为本质和现象是客观事物的统一体的两个方面，现象和本质之间总是存在着过渡的桥梁。本质和现象之间既对立又统一的复杂关系决定了人们通过现象认识本质也是一个复杂的过程：一方面，事物的本质隐藏于现象之中，离开事物的现象就无法认识事物的本质；另一方面，现象不等于本质，认识了事物的现象并不等于认识了事物的本质，客观事物的本质的暴露有一个过程。因此，人们对客观事物本质的认识必然要经过由浅入深、由片面到全面的过程。按照列宁的说法，本质也是有层次的，它表现着客观事物复杂的层次结构。

在本质和现象问题上，我们既要看到二者的统一，坚决反对把二者割裂开来的不可知论，又要看到二者的差别，反对把二者等同起来的各种唯心主义和形而上学。辩证唯物主义关于本质和现象对立统一的原理告诉我们：认识事物要善于抓住事物的本质，把现象只看作是入门的向导，一进门就要抓住它的本质，从比较浅显的本质到比较深入的本质，一步步深入，这才是科学的分析方法。

（四）形式和内容的对立统一

1. 形式和内容的区别

（1）内容是指构成事物的一切要素的总和，即事物的各种内在矛盾以及由这些矛盾所决定的事物的特性、成分、运动的过程、发展的趋势等的总和。形式是把内容的诸要素统一起来的结构或表现内容的方式，分为内在形式和外在形式。内在形式是直接表现内容的形式，外在形式是间接表现内容的形式。例如，一本书，它的思想是内容，它的文字表述是其内在形式，它的装帧则是其外在形式。

（2）对于任何一个具体事物来说，形式是事物存在和表现的方式，内容则是事物存在的基础。形式不是内容，内容也不是形式，二者存在着确定的差别，这是它们对立性的表现。

2. 形式和内容的联系

（1）任何事物都有内容和形式两个侧面，它们是相互联系、相互依存、不可分割的。只有内容而无形式或只有形式而无内容的事物，在现实中是不存在的。这是普遍的、绝对的。

（2）内容和形式能够相互过渡、相互转化。在一种关系中作为一定内容的形式，在另一种关系中则可以变为另一形式的内容；反过来也是一样。例如，书或光盘相对于它们储存的信息而言都是形式，但相对于存放它们的书架或光盘盒来说又成为了内容。生产关系相对于生产力来说是形式，而相对于整个社会来说又成为了内容。

（3）内容和形式的矛盾运动。内容决定形式，形式依赖于内容。有什么样的内容，就有什么样的形式与之相适应；内容的发展决定着形式或迟或早总要发生变化；形式又积极影响内容，对内容有巨大的反作用：当形式适合于内容时可以促进内容的发展，当形式不适合于内容时会阻碍内容的发展。在内容和形式的矛盾运动中，内容是比较活跃、易变的，而形式则是相对稳定的。当某一形式出现以后，在一段时间内它是基本适应内容发展的。随着内容发展到一定阶段，原来相对稳定的形式越来越落后于内容发展的客观要求，二者就由基本适应逐步变为基本不适应，原有的矛盾不断激化，甚至形成尖锐的冲突。这时，在客观上就会变革形式以适应内容需要的任务。一旦新形式代替了旧形式，就意味着旧矛盾的解决，从而又在更高的阶段上开始了新的矛盾运动。

在现实生活中，我们坚决反对没有实质性内容的形式主义，但并不是不要形式。为了发展内容，善于选择、利用和创造最恰当的形式，不仅不是形式主义，而且还是一项重要的领导艺术和工作方法。

（五）现实性和可能性的对立统一

谈到现实性和可能性问题，我们就会想起恩格斯在《路德维希·费尔巴哈和德国古典哲学的终结》中引用黑格尔在《法哲学原理》序言中的话：“凡是现实的都是合乎理性的，凡是合乎理性的都是现实的。”[①] 黑格尔的这句话，很多人都“很喜欢”，但又往往将其误解为：“凡是现存的都是合理的”。其实恩格斯在引用这句话的时候已经把这个问题说清楚了：“在黑格尔看来，决不是一切现存的都无条件地也是现实的。在他看来，现实性这种属性仅仅属于那同时是必然性的东西；‘现实性在其展开过程中表明为必然性’……”[②] 很明显，恩格斯在这里已经表述了这样的意思：现实性是与必然性相联系的。只有那些符合客观规律、具有必然性的东西，才能变为现实性的东西。现存的东西如果失去其存在的必然性，也是注定要灭亡的。

辩证唯物主义认为：现实性和可能性反映事物在发展过程中的两个必然阶段，事物从一种质态向另一种质态的转化都是可能性向现实性的转化运动。现实性是包含内在根据的合乎必然性的存在，是客观事物和现象种种联系的综合。把握现实性应注意两点：一是现实性和必然性有着内在的联系。现实的是必然的，必然的才是现实的。二是现实性处于不断发展的过程中，现存不等于现实。现存的东西如果符合历史规律，具有其存在的必然性，那就是现实的；现存的东西如果失去其存在的必然性，也就变成了不现实的东西。今天的现实既是过去的“现实”变化的结果，又包含着引起将来的“现实”的原因。可能性是指现实事物所包含的预示着事物发展前途的种种趋势，是潜在的尚未实现的东西。

现实性和可能性的对立统一关系：一方面，现实性和可能性是对立的，是相互区别的，不能简单等同。可能性不等于现实性，它只是作为一种趋势而存在，还不是实现了的东西，而现实性是已经实现了的东西。现实性和可能性是有明显区别的。另一方面，现实性和可能性又是统一的，二者相互依存、相互转化。可能性作为现实性的一个内在的因素存在于现实性之中，是潜在的尚未展开的现实性；现实性是可能性发展的结果，是实现了的可能性。可能性转化为现实性之后，在新的现实性中又包含着新的可能性。

如何实现可能性向现实性的转化？应注意以下五点：

第一，要区分可能性与不可能性。

第二，要区分现实的可能性和抽象的可能性。可能性可分为现实的可能性和抽象的可能性。现实的可能性是在现实中有充分的根据，在目前就可以实现的可能性。抽象的可能性是在现实中缺乏充分的根据，在当前条件下不能实现的可能性。

第三，要区分有利的可能性和不利的可能性。

---

①② 《马克思恩格斯选集》，2版，第4卷，215页，北京，人民出版社，1995。

第四，要充分估计可能性向现实性转化的实现程度。可能性向现实性转化的实现程度，可以用或然率或者概率表示。指出某一事件出现的概率，就可以断定在各种条件下它的实现有多少可能性。

第五，要充分认识各种各样的可能性。由于任何事物都处在复杂多样的联系中，每一个事物在其发展过程中都会存在着多种可能性。我们在处理问题的时候要为最坏的可能性做准备，同时争取最好的可能性。

事物的发展就是一个可能性不断产生和不断转化为现实性的无限过程。可能性向现实性转化的原因或根据在于事物内部矛盾的发展，在于事物之间的内部联系，在于事物发展的必然性、规律性，同时也受到偶然性的影响。可能性向现实性的转化在自然界和人类社会中有不同特点：在自然界中，这种转化是自发性地进行的，完全受自然规律的制约，例如，自然现象中的“风和日丽”已经包含着“狂风暴雨”的可能性，达到一定条件，这种可能性就会变为现实性，这种转变完全是一种自然规律，无须人的干预。在人类社会中，这种转化是通过有意识的人的活动来实现的，当然，通过人的有意识的活动来实现并不意味着不遵循客观规律，因为人的有意识的活动也要受客观规律的制约，如人的吃、穿、住、行都是人的有意识的活动，但它们所需要的物质资料都必须通过生产来满足，而生产活动必须受生产力和生产关系、经济基础和上层建筑矛盾运动规律的制约。

四、辩证的思维方法

辩证的思维方法是客观事物矛盾关系在人们头脑中的反映，因此，它们也以“对立统一”关系呈现出来。辩证的思维方法主要包括归纳与演绎、分析与综合、抽象与具体、逻辑与历史的统一的方法。辩证思维的基本方法是主观辩证法，是客观事物辩证法在思维规律中的反映，这些方法也是在人类长期实践过程中产生的。

（一）归纳与演绎的辩证统一

归纳与演绎也是一对矛盾，是对立统一的关系。这和现实中的矛盾有点相似，是在人类思维领域中的一对矛盾。

1. 归纳的定义

归纳是从个别性的前提推出一般性的结论的一种思维方法。归纳可分为完全归纳和不完全归纳。

完全归纳法是考察了所有对象之后做出的一般性结论的思维方法。因为归纳的对象是完全的，所以得出的结论具有必然性。例如，考察了全班所有人的哲学成绩单，发现最低分是 80 分，据此可以得出结论：全班没有人不及格。这个结论是绝对可靠的。

不完全归纳法是考察了部分对象后做出的一般性结论的思维方法。不完全归纳法又叫做普通归纳法。由于不完全归纳法是以有限数量的事实作为基础而得出的一般性结论，这样的结论有时可能不正确。

例如，我们见过的大多数苹果基本都是红色的：见一个是红色，再见一个还是红色。从我们的祖先到现在，大多数人见过的大多数苹果都是红色的，所以我们给它的概念就是“红苹果”。“红苹果”这个概念是怎么得出来的呢？就是归纳出来的。再如，人们不可能也没有必要全部解剖完每一个人的心脏，才能做出关于心脏结构的描述，只需要看一部分人的心脏就行了。全世界的人，从古至今的人，从现在到未来的人，是不是所有人的心脏都是一个样子呢？不一定。但是人们到目前为止见到的大多数心脏就是现在医学教科书上描述的样子，教科书上的结论虽然具有或然性，但还是可信的。同样，我们要调查全国的情况，在全国范围内抽样调查几个县，调查出来的结果也是科学的。当然，这些调查结果还要回到实践中去检验，然后再进行修正。

其实，在大多数情况下，我们不可能也没有必要考察所有对象，只考察一定数量也会得出结论。这种归纳法是以一定数量的事实作基础，进行分析研究，找出规律。虽然不完全归纳法的结论有时可能不正确，前提与结论之间的联系是或然性的，但它仍是一种重要的推理方法。

2. 演绎的定义

演绎是从一般性的前提推出个别性的结论，前提与结论之间的联系是必然性的。但是，这里必须注意：“前提与结论之间的联系是必然性的”并不意味着“必然正确”，这里可能有两种情况——如果前提是正确的，结论就是正确的；如果前提是错误的，结论也就是错误的。我们不可能由错误的前提得出正确的结论，反之亦然。

在现实生活中，“演绎”这种思维方法对提高我们的认识能力是非常有帮助的。例如，教师对某个同学说：“你们班上的这次哲学考试的成绩都不错，都在 80 分以上。”这个同学虽然不知道他的成绩具体是多少，也会很高兴，为什么高兴？因为他的成绩肯定也在 80 分以上。这就是一个推理过程，是从一般到个别的一种推理。如果掌握了“演绎”的思维方法，认识效率就会更高。因为掌握了一般理论的人，在实践中对相关事物的感觉也会更加敏锐。正像毛泽东所说的那样：“我们的实践证明：感觉到了的东西，我们不能立刻理解它，只有理解了的东西才更深刻地感觉它。”①

3. 归纳与演绎的辩证关系

在很长一段时间内，形而上学把归纳与演绎对立起来，一些经验论哲学家如培根等人重归纳而轻演绎；相反，另一些唯理论哲学家如笛卡尔、斯宾诺莎等人则重演绎而轻归纳。归纳主义学派只要归纳不要演绎，而演绎主义学派只要演绎不要归纳。这两种倾向的错误就在于割裂了人的完整的认识过程。只有辩证唯物主义才真正将归纳与演绎辩证地统一起来，从人的完整认识过程出发研究二者之间的辩证统一关系。

---

① 《毛泽东选集》，2 版，第 1 卷，286 页，北京，人民出版社，1991。

第一，归纳与演绎相互联系。归纳是演绎的基础，作为演绎前提的一般性原理是通过归纳从经验材料中概括出来的；演绎则为归纳确定研究的目的和方向。归纳的不足需要演绎来补充。因为通过归纳获得的结论有时是或然性的，这就需要通过演绎来弄清楚归纳过程并查明结论的可靠程度。反之，演绎是否符合客观真理，需要通过归纳来检验。学生在学校里学习了书本知识，这些书本知识是否可靠？单靠从书本到书本的演绎是解决不了这个问题的，必须通过科学实验（包括社会科学的调查研究）获得实际数据，归纳出新的结论，然后将这一新的结论与书本知识相对照。如果一致，就证明书本知识是正确的；如果不一致，就要继续进行实验。经过反复实验证明是错误的知识，就有可能被推翻了。

第二，归纳与演绎相互渗透。归纳包含演绎的成分，同样，演绎也包含归纳的成分。在人们实际的思维过程中，“纯归纳”或“纯演绎”都是不存在的。

第三，归纳与演绎相互转化。一方面，由归纳所获得的具有一般性的结论，可以转变成演绎所赖以进行推理的前提；另一方面，演绎的一般性原理也可以成为归纳个别经验材料的指导思想。

（二）分析与综合的辩证统一

1. 分析的定义

分析是思维把整体对象在观念上分解为各个部分、方面、要素，并逐个加以研究的思维方法。这里应注意，分析是把整体的东西进行分析。例如，人类医学将人体分解成不同部分分别进行研究，在医院里分成眼科、耳鼻喉科、神经科、消化科、骨科、内科、外科等，当然，在每个科中还有更加详细的分工，这些分工都是为了更加深入细致地研究人体的各个部分，使人们对人体各个部分的分析研究更加专业，更有针对性地对病人进行诊治。再如，我们在修理电脑的时候，不知道电脑不能工作的具体原因是什么，怎么办？把所有可能出问题的配件都拆下来，留下基本的零件，看它能不能启动。插上一个配件，看它能不能启动。一般来说，能启动就说明这个配件没有问题。然后再插上一个，再启动，以此类推，直到最后插了哪个配件不能启动，就说明这个配件出了问题，也就找到了电脑不能工作的原因，然后更换此配件，问题便解决了。一个个配件拆解开来，再一个个配件安插上去，这也是一个分析研究的过程。

2. 综合的定义

综合是思维在分析的基础上再将部分组合成一个整体的思维方法。例如，我们在进行体检的时候，先到医院的各个科分别进行检查，然后再由主管医师对我们的身体健康状况进行总体诊断，做出结论，写出对我们健康状况的总体评价。这种总体评价就是在对各个科检查的结果进行综合研究的基础上做出的，主管医师的思维方法就是一种综合的方法。

综合就是把分析的结果再综合成一个整体，统一来考虑。现在医院的会诊，这个医生这样看，那个医生那样看，最后大家综合起来，经过这些各方面有经验的医生反复讨论得出的结果才是相对来说更可靠的，这就是一个综合的过程。所以这里要注意：首先它是一个整体，然后再分成部分去研究，对于研究的结果再在概念中把它作为一个整体来考虑，这就是综合，这是很辩证的一种做法。否则就是我们经常说的“头疼医头，脚疼医脚”，是形而上学的做法，效果不一定好。

3. 分析与综合的辩证关系

分析与综合的辩证关系主要表现在：第一，分析与综合相互依存、互为前提。没有分析就没有综合，反之亦然。任何综合都必须以分析为基础，任何分析又必须以综合为指导。第二，分析与综合相互渗透、相互包含和交叉，即在分析中有综合、在综合中有分析，尤其在对复杂事物的认识过程中更是如此。第三，分析与综合相互转化。人们认识事物从现象到本质、从不太深刻的本质到更为深刻的本质的过程就表现为分析—综合—再分析—再综合这样相互转化的前进运动。就认识的程度来说，分析与综合在后一层次上的重复总比前一层次要深刻得多。

分析与综合是认识过程中相互联系着的两个方面，人们借助于这一方法揭示事物的本质和内在联系，获得关于事物多样性统一的具体知识。运用分析与综合相统一的思维方法解决问题时应注意：第一，分析与综合必须有其客观基础。分析与综合的过程不是任意的，而要以客观对象本身的性质、关系及运动、变化为依据。正如恩格斯在《反杜林论》一书中指出的：思维，如果它不做蠢事的话，只能把这样一种意识的要素综合为一个统一体，在这种意识的要素或它们的现实原型中，这个统一体以前就已经存在了。第二，对事物进行分析与综合时，必须首先分析其内在矛盾，从中揭示和阐明事物的内在联系和本质。当我们研究一台机器的时候，需要拆解它的各个部分，这就是分析研究，因此，我们在拆解的过程中，就要注意它的各个部分之间的内在联系，否则，我们在“分析”完了之后，就没有能力进行“综合”了。只有在“分析”的时候就做好了“综合”的准备，也就是弄清了它内部各要素及其相互关系，我们才能顺利地完成最后的“综合”——将机器拆解以后再重新组装起来。

（三）抽象与具体的辩证统一

1. 科学的认识过程涉及的概念

科学的认识过程涉及三个概念，即感性具体、抽象规定和理性具体，我们对这三个概念进行如下分析。

（1）感性具体。

感性具体是人们在实践活动中获得的感性认识，包括感觉、知觉和表象。感觉是外界事物刺激人的感官产生的最初的意识形态。人们在实践中与外界事物接触，事物的各个部分和特性作用于人的眼、耳、鼻、舌等感觉器官，就在人脑中产生感觉的反映形式。人通过感觉所获得的是事物的个别的、外部的特征。人的感觉与动物的感觉有着本质的区别。人的感觉器官和感觉能力比动物的更复杂、更完善。人类通过制造工具延长和扩大自己的感觉器官，还通过同别人交往以社会形式形成社会的器官。社会实践是人感觉的基础，人们在实践过程中形成的理论和集体经验都会对人的感觉产生巨大影响。知觉是人在感觉的基础上形成的对事物的外部特征的整体把握，是对事物各种感觉的综合。表象则是当人离开感觉对象之后对它的“回忆”，是感觉对象在人脑中的“再现”。从感觉到知觉再到表象，是人的感性认识的不断深入。如我们初次见到一个人，首先感觉到其长相、声音、身材等各个外部特征，在这个基础上形成对这个人的知觉和表象，但对这个人的认识还是处在感性认识阶段，要想真正认识这个人，还有待于深入了解。

（2）抽象规定。

感性具体知识直接反映客观事物，但还不是对它的本质的认识，只有依靠思维的抽象活动，通过从感性具体到抽象规定的过渡，才能深入掌握事物的本质。所谓抽象规定，就是在思维中对事物的各种属性和方面进行分析、综合、比较，抽取事物的本质属性，撇开事物的非本质属性，从而形成关于事物的概念，在这个基础上进一步进行判断、推理等理性思维活动。抽象规定看起来似乎离被研究的客观事物越来越远，实际上它是更接近被研究的客观事物，因为它把握了事物的本质和规律。“这种改造过的认识，不是更空虚了更不可靠了的认识，相反，只要是在认识过程中根据于实践基础而科学地改造过的东西，正如列宁所说乃是更深刻、更正确、更完全地反映客观事物的东西。”①

（3）理性具体。

当我们讲到辩证思维方法从抽象上升到具体的时候，这里的“具体”是指什么呢？从思维进程来说，这里的“具体”是指理性具体，也叫思维具体，而不是感性具体。感性具体是感官能直接感觉到的具体对象，而理性具体是在感性具体基础上经过思维的分析和综合，达到对事物多方面属性或本质的把握。人们认识事物时，首先反映的是具体的事物，即感性具体，是思维逻辑行程的起点。在这一基础上，人们使用分析的方法，把事物分解成各个部分，抽象出它的本质属性，这样，人们的认识就从感性具体发展成抽象规定，从现象深入到了本质，抽象规定是从感性具体到理性具体的中间环节。但是，人们不能仅仅停留在对事物的抽象认识上，还必须进一步弄清各个部分的各种内在联系，确定每一个部分在总体中占什么地位、起什么作用，这就需要运用从抽象（规定）上升到（理性）具体的辩证思维方法，把各个部分按照它们本身的内在关系相互联系起来，从总体上把握这一事物，使人们对客观事物的认识由抽象规定上升到理性具体。

理性具体是把事物的各个抽象规定综合为一个相互联系、相互制约的整体，是对事物完整的认识，是思维逻辑行程的终点。例如，人们在对水的认识过程中，首先通过视觉、触觉、味觉（感性具体）将“水”反映到大脑，大脑再抽象出“水”的各种

① 《毛泽东选集》，2版，第1卷，291页，北京，人民出版社，1991。

属性——无色、无味、液体等（抽象规定），最后将“水”的本质定义为：水是一种无色、无味、透明、易流动的液体（理性具体）。并且，理性具体还可以进一步分析水的无色、无味、液体等属性之间的关系以及水具有这些属性的原因。

2. 科学认识的一般过程

感性具体→抽象规定→理性具体，这是科学认识过程的一般形式。也就是说，科学认识不仅要求把感性的具体事实作为科学抽象的依据和前提，从感性具体到抽象规定，而且要求从抽象规定上升到理性具体，使人们对客观事物抽象的规定在思维行程中导致具体的再现。理性具体是许多规定的综合，是多样性的统一。从抽象规定上升到理性具体体现了人类辩证思维最基本的特征。

马克思主义哲学第一次在唯物主义基础上对科学认识过程的三个环节——感性具体、抽象规定和理性具体做出了科学的表述，认为人们对客观事物的认识是在实践的基础上进行的，由感性的具体上升为理性的抽象规定，进而把各种抽象的规定通过更深刻的思维加工达到理性的具体，由理性的抽象上升到理性的具体，从而更深刻地把握事物的内在联系和本质的过程。从感性具体到抽象规定，再从抽象规定到理性具体，在理性具体的基础上产生新的感性具体，从而实现认识的“再生产”，这种形式循环往复，以至无穷，使人们对客观事物的认识不断深入。

3. 如何理解“抽象和具体的辩证统一”

从某种理性上说，从感性认识上升到抽象规定这个过程是片面的。从感觉上升到知觉，再上升到表象，然后做出一些抽象规定。比如：这个瓶子是圆柱形的，这就是由一些概念组成的抽象规定；这个苹果是圆的，这个苹果是红的，如此等等，都是片面的抽象规定。我们仅仅掌握这些理论，对它的认识还不是很全面，不是很深刻。那么，要继续认识事物更为深刻的东西，这种认识就有待于达到“理性具体”的高度，这是在理论体系上对客观事物的各个方面的把握。例如，我们在对“苹果”有了大量感性具体认识的基础上，对其做出了若干抽象规定：苹果是圆的，苹果是红的，苹果是香甜的，苹果含有大量的维生素，苹果含有粗纤维，苹果含有糖分，苹果含有水分……对这些抽象规定整体思考，再加上我们在实践中“尝”了若干品种的苹果以后，便形成了对苹果全面、深刻的认识，即达到了“理性具体”的高度。我们对苹果的认识经历是这样一个否定之否定的过程：感性具体→抽象规定→理性具体。理性具体是一个具体认识过程的最高阶段，是具体和抽象的高度统一。

（四）逻辑与历史的辩证统一

逻辑与历史的辩证统一的思维方法是指逻辑的发展与人类认识的发展历史、科学认识的发展历史以及客观事物的发展历史相一致的思维方法。

1. 历史和逻辑的定义

这里的“历史”是指客观现实的历史发展过程（包括自然界和人类社会）以及人类

认识客观现实的历史（包括科学史、哲学史、思维史等）。“逻辑”是指历史发展过程在思维中概括的反映。

2. 如何理解“逻辑与历史的辩证统一”

逻辑与历史的统一是指思维的逻辑应当概括地反映历史发展过程的内在必然性。第一，逻辑的结构与演化同对象的客观发展史相一致。如动物学的逻辑：原始生物—原始动物—两栖动物—爬行动物—哺乳动物—人类，这也是动物的发展史，二者是一致的。第二，逻辑的结构与演化同人们对这一对象的认识发展史相一致。如物理学的逻辑：亚里士多德（速度）—伽利略（加速度）—牛顿（力）—焦耳（功和能）。第三，思维科学的理论与认识史、思想史相一致。第四，个体的思维规律与整个人类思维发展规律相一致。如儿童智力发展规律与整个人类思维发展规律相一致。

逻辑与历史的统一是在总的发展趋势上的统一，这种统一包含着差别，因为历史发展常常包含着无数的细节和偶然因素，甚至通过迂回曲折的道路表现其规律；思维的逻辑则是对历史的总结和概括，它撇开历史发展的各种细节和偶然因素，以“纯粹”的理论形态把握历史发展的规律，它是“经过修正的”历史。恩格斯曾说：“历史从哪里开始，思想进程也应当从哪里开始，而思想进程的进一步发展不过是历史过程在抽象的、理论上前后一贯的形式上的反映；这种反映是经过修正的，然而是按照现实的历史过程本身的规律修正的，这时，每一个要素可以在它完全成熟而具有典型性的发展点上加以考察。”①

3. 运用逻辑与历史相统一方法的一般要求

第一，在科学研究中要辩证地处理历史方法和逻辑方法的相互关系。历史方法是依照对象发展的自然进程揭示其规律，属于描述性的方法。逻辑方法则用概念、范畴、理论等形式概括反映对象发展的规律，具有重要意义：只有当被考察的对象发展到成熟、各种矛盾充分暴露的时候，才能看清楚对象的各个部分、各个环节的联系，以及它们在整体中的地位和作用，才利于科学理论体系的建立；从成熟点看对象的过去，可以比较清楚地认识对象发展的内在联系，包括那些处于萌芽状态或表现得模糊不清的东西。

第二，逻辑与历史的统一的方法要求人们在进行科学研究和建立科学理论体系时，要揭示对象发展过程与认识发展过程的历史规律性；在安排理论体系各个概念、范畴的逻辑顺序时，必须符合被考察对象历史发展的顺序。

第三，逻辑的分析要以历史发展为基础，历史的描述要以逻辑联系为依据；任何一门科学都不能只用历史方法或逻辑方法，即使是以历史方法为主的历史科学也不能排斥逻辑方法，即使是以逻辑方法为主的理论科学也不能排斥历史方法。

---

① 《马克思恩格斯选集》，2版，第2卷，43页，北京，人民出版社，1995。

1. 如何理解“对立统一规律是唯物辩证法的实质与核心”?
2. 如何正确把握“对立统一”?如何理解矛盾的普遍性和特殊性?
3. 如何全面把握唯物辩证法的体系与结构?

第七章

真正的“智慧”来自实践

古希腊的哲学家苏格拉底被德尔菲阿波罗神殿的神谕称为“最智慧的人”，但他却强调：自己“自知其无知”，只是能通过问答式的“理智助产术”帮助别人辨别真假，使青年人鉴别幻想和真知灼见。其实，苏格拉底并不是谦虚，他说的是实话。对于一个人来说，不管他掌握多少知识，他的知识总是有限的，而如能启发人们的“智慧”，这个贡献则是无限的。一个人只有获得了“辨别真假”的智慧，才能学到真正的知识。这也告诉我们一个道理：无知—有知—无知有知的统一，这是我们认识客观事物过程中的“否定之否定”，是认识过程中矛盾的不断产生和不断解决。那么，在现实生活中，我们是怎样来解决这个矛盾的呢？在实践的基础上，“从无知到有知，从知之不多到知之甚多”，这一辩证过程就是我们解决上述矛盾的过程。马克思主义哲学对认识论的历史贡献就是把实践和辩证法引入到认识论，创立了辩证唯物主义认识论——以实践为基础的能动的革命的反映论，第一次科学地论述了实践和认识的辩证关系，解决了认识的产生和发展规律问题，实现了人类认识史上的伟大变革。

第一节　实践及其对认识的决定作用

一、关于“实践定义”的重新思考

哲学是时代精神的反映。与整个马克思主义理论体系一样，马克思主义实践观必须反映人类实践活动的时代特点。当代实践已经发展到了一个前所未有的新水平，因此，它呈现出许多新特点：“经验型”实践正在转向“科学型”实践，“精神劳动”实践的地位越来越突出，生活实践的比重日益增加，由政治、军事“旋涡”转向经济“风暴”。当代实践的新特点要求马克思主义实践观对当代实践的主体、客体、手段、目的、形式、结构、功能、价值等进行重新审视并做出新的理论概括，在此基础之上，对“实践定义”进行重新思考和重新表述。这是发展马克思主义实践观的基本问题。“实践定义”简明地概括了人类实践活动的本质，因此，准确、科学地理解“实践定义”是完整地理解马克思主义实践观的关键。

当代实践活动的内容不仅是“改造”世界，还要“保护”和“恢复”世界上有利于人类生存和发展的条件。如果将“实践”理解为“人类为满足自身生存和发展的需要而进行的改造、恢复和保护世界的一切行动的总和”，更能体现当代实践活动的具体情况和本质。这对于指导人们去科学地进行实践是很有意义的。过去的教科书中讲到实践活动时，主要是讲它是人类“改造”自然的物质活动或者叫做“改造”客观世界的物质活动，总而言之是把“改造”放在突出的位置。但是仅仅停留在“改造”层面，似乎就有点儿缺陷了。我认为除了“改造”还要有“保护”和“恢复”自然的内容。保护自然，我们设立一个自然保护区，不对它进行改造，这种行为就是一种实践。不能说一定要把那棵树砍掉再种上新的就叫做实践，把一部分自然保护起来也是一种实践。应该说人类的所有行动、“做”都是实践。有时候改造过分了，把不必改造的改造掉了，再把它恢复回去，这也是一种实践。这就叫做对客观世界进行恢复和保护的活动。从活动的性质来讲，不只是改造，还有恢复和保护。过分地强调“改造”两个字，特别是在“文化大革命”期间，给我们国家造成了很大损失。改造，改造，改天换地，就是过分地强调了人与自然的对立，过分夸大了人的主体性。主体性夸大过分了就变成主观性了。好像人想干什么，就能干成什么。“人有多大胆，地有多高产。”“人要与天斗，与地斗，与人斗，其乐无穷。”在这些口号下，我们真是损失很大。当时要求农业学大寨，有位生产队长就到大寨去开现场会，看到了大寨搞的梯田。他回来以后很发愁：“我们这里全是平原，能改造什么？”讨论来，讨论去，最后决定把村边的小河填掉，池塘全部平掉，改造自然，搞成平平的，让平原更加平。看起来好像是获得了一部分土地，但是这样一来糟糕了！下大雨之后没处泄洪了，导致田野里、村子里到处是水。当时，“改造”两个字在人们头脑里膨胀得简直到了极端。现在我们不能说不改造，但是要有度。

另外，在这里补充三个问题：

第一是关于生活实践问题。像吃饭等这些生活小事，为什么要把它列入实践的范畴呢？毛泽东在他的《实践论》中已经提到了这个问题。他说：“你要知道梨子的滋味，你就得变革梨子，亲口吃一吃。……你要知道革命的理论和方法，你就得参加革命。”[①]他把“吃梨子”和“参加革命”并列，它们都属于实践活动。但是为什么有一些人就看

① 《毛泽东选集》，2版，第1卷，287～288页，北京，人民出版社，1991。

不起生活实践呢？实际上人们的每一种活动都是实践。人类“吃梨子”和动物吃东西是不一样的。我们在吃东西的时候，不仅吃了它以后能充饥，还会去想一想为什么是这种滋味，为什么不是那种滋味，为什么是这种感觉，为什么不是那种感觉，然后就去探讨它的成分，再去研究它。所以人在吃和其他的生活过程中，也是探索自然的一种过程。甚至有些人为了探索自然，故意去吃一吃。李时珍是怎样找到那些中草药的？他就是亲自到山上采摘以前没有记载过的那些草药，采回来尝一尝是什么滋味，然后判断一下它能够治什么病。所以生活也是一种实践。

人的吃、穿、住、行这些生活中的行为，都是一种实践的过程。所以说，生活实践应该纳入人类实践活动的整体，否则就会产生一种狭隘的理解。特别是随着生产效率的提高，我们的闲暇时间越来越多，如果将生活实践排除在实践之外，那么人们将来实践的领域就会越来越窄。实际上，在生活实践中，不一定到工厂去做工才能得到知识，在旅游的过程中就能获得很多知识，所以生活本身也是我们获得知识的一个很重要的渠道。将来人们可能每天工作三五个小时就行了，我们会获得更多的时间去探索自然，不能说那就不是实践。

第二是关于精神劳动实践问题。过去理解的实践只是体力劳动，老师讲课就不算是实践了。“文化大革命”期间，很多老师回家进行劳动改造，因为当时认为做医生、老师的是不劳而获，当科学家的也是这样，脑力劳动不是实践活动。老师讲完课不算劳动，还要回家锄地。实际上脑力劳动也是一种实践，不仅是一种实践，而且随着知识经济时代的到来，将成为一个主要的实践领域。将来大量的劳动是靠脑力，而不是靠体力。我们的实践在任何时候都是手脑并用的：脑力劳动就是以脑力为主，配合以体力；体力劳动是以体力为主，也要有脑力。

第三是关于科学技术实践问题。毛泽东在《实践论》中把生产斗争、阶级斗争和科学实验看作三大基本实践形式，把科学实验放在最后，这在当时的背景下是可以理解的。后来邓小平根据中国特色社会主义建设的新形势，把科学技术当做“第一生产力”。但是，现在看来，仅仅把科学技术当做生产力的某种要素或实践的某种形式，已经远远不能反映科学技术的社会作用了。在生产力方面，科学技术已经完全渗透到劳动者、劳动资料、劳动对象各个方面，现在可以说没有科学技术就没有生产力。

现在搞“国家科技园”，它的功能主要就是孵化一些高新技术企业，把高校的一些科研成果转化成现实的生产力，变成企业的经济效益。我国要发展经济，要跟上世界知识经济发展的步伐，就要首先把高新技术搞上去，实现“跨越式”发展，或者说要走“新型工业化”道路。为什么加个“新型”呢？就是说不要再跟在别的工业化国家后面一步一步地走人家走过的老路了。当然，传统工业不是说不搞，而是直接用现代的高新技术去改造传统企业，并且要创办更多的高新技术企业，这样我们国家的经济才会腾飞，出现一种“跨越式”发展，或者说“超常规”发展。不是说要超出客观规律，而是超出别的国家发展的那种传统道路。

我发现现在延安安塞县的高新技术农业已经和山东的高新技术农业很接近了。安塞县和山东的诸城市结成了姊妹城市，诸城市通过派遣技术人员把先进的农业技术介绍给安塞，安塞就发展起来了，这实际上也是在区域之间实现了“跨越式”的发展。这种“跨越式”的发展也是科学发展的要求，因为在黄土高原上水土流失严重，国家现在提出“退耕还林”，把老百姓的一部分土地收回来。这样，农民的收益就减少了。怎么补偿呢？通过发展高新技术来补偿农民的收入就是其中的一项措施。这就是通过高新技术的应用，退耕还林，能够保持当地的生态平衡，实现可持续发展，真正使我们党提出的科学发展观落到实处。

科学发展观是强调全面、协调、可持续的发展。广东省的中山市提出了三个协调，即人与人、人与自然、自然与自然之间都要实现协调，这一发展理念符合科学发展观的要求。主体和客体之间的关系发生了变化，使人们在考察主体和客体的关系时，用另外一种观点去审视这种关系：不能只提“改造与被改造”的关系，人们在实践中还要恢复、维护、保护自然，不能把实践活动仅仅定义为“改造”。如果那样的话，主体与客体的关系是很单调的，并且是有破坏性的。过去的“实践”定义把人和自然的关系仅仅归结为改造与被改造的关系，其实，人与自然应该是和谐统一的：既有改造，也有保护。只有这样，人类才能有长远的、持续的发展。不能过度地强调主体与客体的分离，而忘记了主体和客体之间的有机的统一。

人本身是从自然中走来的，还要依靠自然，在自然中生存；人和自然是和谐的、统一的，不仅改造要有度，还要保护它，把破坏了的那一部分恢复过来。这就是一种主体和客体关系的变化，值得我们在哲学上进行提炼，进行深思。另外，主体和主体之间的关系，也应该通过可持续发展，通过科学发展观，通过实施这些战略进行反思。为什么呢？过去我们只考虑到我们这一代人的发展，好像我们要建设社会主义，要建成共产主义，要改造自然，向自然开战，恨不得把整个地球翻个个儿。这些做法在哲学上讲，就是没有摆正主体和主体之间的关系。我们这一代人如果把整个地球都改造完了，把整个自然界都改造完了，那么，下一代人就什么资源也没有了。要实现主体之间的平等、公平，不仅我们这一代人的（同时代的）各个不同主体要有计划地改造、共享资源，下一代人作为主体也有公平、平等地享受自然资源和一切社会资源的权利。我们要创造历史、创造文化、给后代人造福，而不是毁掉后代人赖以生存的资源，这种做法既不道德也不科学，有可能会毁掉我们人类自己。

二、实践对认识的决定作用

在讲“马克思主义认识论”这一章时，有的教材用了这样的标题：认识的本质和规律。过去的标题是“实践和认识”。我认为标题叫做“实践和认识”更符合马克思主义辩证唯物主义认识论的特点。辩证唯物主义认识论有一个突出的特点就是强调“实践第一”，辩证唯物主义认识论是以实践为基础的能动的反映论，它要解决的就是“实践和认识”之间的矛盾，要揭示“实践和认识”的矛盾运动规律。“认识的本质和规律”这个标题去掉了“实践”这个词，不利于突出马克思主义认识论的特点，“实践”是个重要范畴。那么“实践第一”体现在什么地方呢？主要体现在以下四个方面。

（一）实践产生了认识的需要和目的

人的认识产生于实践的需要。关于人们对“数和形”认识的来源，恩格斯在《反杜林论》中指出：“数和形的概念不是从其他任何地方，而是从现实世界中得来的。……和其他各门科学一样，数学是从人的需要中产生的，如丈量土地和测量容积，计算时间和制造器械。”① “社会一旦有技术上的需要，这种需要就会比十所大学更能把科学推向前进。整个流体静力学（托里拆利等）是由于16世纪和17世纪意大利治理山区河流的需要而产生的。”② 这种案例是很多的，如中国云南傈僳族把一年分为10个季节月：花开月（三月）、鸟叫月（四月）、烧火山月（五月）、饥饿月（六月）、采集月（七月、八月）、收获月（九月、十月）、醉酒月（十一月）、狩猎月（十二月）、过年月（一月）和盖房月（二月），这种划分是与当地的生产实践相联系的。同样的道理，近代资本主义生产的发展，产生了对新动力的需要，适应这种需要就出现了蒸汽机。对蒸汽机的研究和改造，又进一步推动了动力学、热力学和机械学的发展。也正是适应无产阶级同资产阶级斗争的需要，产生了马克思主义。

同时，实践也是人类认识的目的。人类认识的最终目的是什么呢？是指导实践。读书是干什么的？不能说我读了本科就想读硕士，可能表面看是这样，但最终你掌握了知识，要到社会实践中去用，要指导你的实践，要使自己的工作能力更强，工作更有效率，工作水平更高。工作能力就是实践能力。如果有一种很好的理论，把它放在抽屉里是没用的。也就是说，我们认识世界的最终目的是实践。

（二）实践为认识提供了可能

实践活动为认识提供手段。大家想一想，我们肉眼看见的东西、肉体接触到的东西是相当有限的。大的东西在几百米远的距离可能还能看到，几公里远的目标可能就看不见了，能看清楚的大都是以米来计算。但是人类现在接触的东西，有的是离我们以光年计算的、很遥远的一些天体，如通过哈勃望远镜，人们现在可以观测到距地球两千八百万光年的“宽边帽星系”。哈勃望远镜发回来的照片向人们表明：宇宙是多么的神秘和美艳！我们能探测到这样遥远的东西，是靠什么？靠科学手段。没有现代工业所提供的各种强大的物质手段和物质工具，如电子计算机、高倍的射电望远镜、高倍的电子显微

---

① 《马克思恩格斯选集》，2版，第3卷，377、378页，北京，人民出版社，1995。
② 《马克思恩格斯选集》，2版，第4卷，732页，北京，人民出版社，1995。

镜、高能加速器、太空探测仪等，要从事现代科学研究是根本不可能的。同时，要靠实践，并且在实践中，我们的大脑也能得到锻炼，越用越聪明。大脑就是这样一种高度发达的物质——越去实践，越去用它，它就越好用，所以，人的大脑要常用，实践能够不断刺激人的大脑，提高思维能力。

（三）实践使认识得以产生和发展

马克思主义是从人类的社会实践这个角度来研究人的认识产生过程的，没有实践就没有认识。我们经常说“一切真知都是从直接经验发源的”，宋代诗人陆游有诗云：“古人学问无遗力，少壮工夫老始成。纸上得来终觉浅，绝知此事要躬行。”他说的就是这个道理。这里讲一个关于彭德怀种小麦的故事：当时浮夸风盛行，都说亩产过万斤等。彭德怀找了两分地，精耕细作，连鸟都不让叼，到最后得出结论：亩产也就1 000斤。这在当时就是真知，全国都在浮夸的气氛下，这样清醒的人不多。这也是我们现在很重视在教学中要求学生做一些实验、要求学生亲手操作的原因。像学习法学的学生就要到真正的法庭去做一些见习，或者去“模拟法庭”之类的实习场所感受一下。要想获得真正的知识，要想把知识变成真正理解的东西，就要到实践中去。总之，人们只有通过实践改造和变革对象，才能使对象的真实状态、属性、关系、本质和规律得到充分的暴露；也只有通过实践使自己的感觉器官同对象发生联系，才能使对象的各种现象反映到头脑中，形成一定的直接经验即感性认识，并进而上升到理性认识。

（四）实践是检验认识真理性的唯一标准

马克思说：“人的思维是否具有客观的真理性，这不是一个理论的问题，而是一个实践的问题。人应该在实践中证明自己思维的真理性，即自己思维的现实性和力量，自己思维的此岸性。关于思维——离开实践的思维——的现实性或非现实性的争论，是一个纯粹经院哲学的问题。”① 我们头脑里产生的思想到底正确不正确，要到实践中去检验。

邓小平在考察实践活动中接触了广东珠江三角洲广大人民群众的改革实践。看到企业的生产搞得轰轰烈烈，企业的效益非常好，他就相信：这就是社会主义。如果从马克思主义的书本上去找一个“社会主义”的定义，能把我们说服吗？不能用理论去检验自己认识的真理性，而是要靠实践。历史唯物主义的基本原理就是生产力到生产关系、经济基础到上层建筑。邓小平的理论没有违背马克思主义的基本原理。如果我们把马克思的论断“社会主义是公有制”去硬套实践，就会产生一些理论和实践上的错误。所以实践是检验真理的唯一标准。读书也是一种学习，但这是别人实践的结果。你读了以后，到底对不对，哪些对，哪些不对，还是要经过实践检验。当然，我们绝对不能拒绝从书

---

① 《马克思恩格斯选集》，2版，第1卷，55页，北京，人民出版社，1995。

本上获得知识，但这是一个间接的渠道。书本的知识还要到实践中去检验，然后才能逐渐为自己所掌握，并且在掌握以后还要经过实践进行检验、创新、发展。

从以上四点讲，马克思主义哲学抓住了“实践第一”这个基本观点，这是马克思主义认识论的一个突出的特点。马克思主义哲学正是把实践引入到认识论，同时把辩证法引入到认识论，才使马克思主义的认识论有了质的飞跃，和以往的认识论有了质的区别。

第二节　认识的辩证过程

一、从实践到认识

实践是一个基础。这里可能和过去我们对实践的理解有一些不同。过去说：实践、认识、再实践、再认识。好像是实践一段，认识一段，再去实践一段，再去认识一段。其实不是这样的。实践是一个永恒的过程，人类永远不会停止实践。认识也不是在实践中断的时候才提高。实践是永恒的，是物质运动，人作为高度发展的物质，其本身的运动就是实践。从整个人类来看，实践活动是不间断的。

在不间断的实践活动中，人们首先产生了感性认识。感性认识有三种形式：感觉、知觉和表象。摸一摸这个瓶子，有感觉——它是光滑的；看一看它，有感觉——它是圆柱形的。各种感觉综合起来，就形成一种知觉。知觉就是对一个事物整体的表面的认识。有了整体的印象以后，把这个事物移开，我们看不到它、感觉不到它、接触不到它的时候，还能将它回忆起来，这就叫表象。这三个阶段都属于感性认识的阶段。尽管它们在步步深入，由片面到全面，但是它们都处在表面的层次，都属于感性认识。这种感性认识不断地加强，你反复地再去感觉，再去生成表象，这个第二次的表象和第一次又有所不同，不断深入，这样的活动多了以后，你不断去接触这个事物，从不同侧面去感觉它，然后不断地在头脑中进行加工、思考，最后就形成一种理性的东西——概念。

我们说这个事物，对它有概念了，就抓住了这一类事物的共同本质了。我叫它瓶子，为什么叫它瓶子呢？这就是前人已经过若干的实践，这一类的东西都叫瓶子。这是我们把握事物的一个很高超的思维方式。“水果”这两个字，把所有这一类的东西都概括起来了。我们把整个认识体系看作一个大网，网上一个小的扭结就是一个概念，概念多了就形成一个知识大网，有了若干概念，我们就能做出判断。这个瓶子是圆形的、圆柱形的，做出判断了。瓶子上面有绿色的图案，这又是一个判断。这些判断是利用不同的概念来构成的。以判断为基础，我们就可以利用已知的判断推出未知的判断。这个过程叫推理。例如，我已经知道：大前提——全班的成绩都是 80 分以上，小前提——你是班上的一员，然后，我就可以推理：你的成绩也在 80 分以上。上面讲的概念、判断、推理三种形式已经属于理性认识的范畴了。

综上所述，感性认识和理性认识是对立统一的关系：感性认识有待于发展和深化为理性认识；理性认识依赖于感性认识，必须以感性认识为基础；感性认识和理性认识相互渗透，相互包含。

二、从认识到实践

完成从实践到认识、从感性认识到理性认识的飞跃，是不是认识运动就结束了呢？没有。辩证唯物主义认识论认为，认识运动到理性认识为止，只说到问题的一半，“而且对于马克思主义的哲学说来，还只说到非十分重要的那一半。马克思主义的哲学认为十分重要的问题，不在于懂得了客观世界的规律性，因而能够解释世界，而在于拿了这种对于客观规律性的认识去能动地改造世界。……如果有了正确的理论，只是把它空谈一阵，束之高阁，并不实行，那末，这种理论再好也是没有意义的。”① 所谓从认识到实践，就是把已经获得的理性认识应用到实践中去，一方面，指导实践，使实践活动更为有效；另一方面，在实践中检验理论的正确性。反映了客观规律性的理性认识只有再回到实践中去，才能得到检验和发展。检验理论是否符合客观真理，就要将理性认识应用到实践中去，看它是否能够达到预想的目的。许多自然科学理论之所以被称为真理，马克思主义之所以被称为真理，都是因为它们经过实践检验以后得到了承认。在实践中，理论的缺陷和错误不断得到修正，真理得到不断完善，这就是实践检验真理的意义之所在。

同时，理论应用到实践中去，又会从实践中产生出新的感性认识。理性认识回到实践中去，一接触实践，新的感性认识马上就会有了。例如，一个地图画好以后，我们按照这个地图行动，路走得很顺。回到实践中去检验它的正确性的同时，又产生了若干新的感性认识。那么这种新的感性认识积累多了又会产生新的概念，产生新的理性认识。这样不断地循环往复，就会使我们的认识不断提高。我们进行实践时，大脑就进行分析，认识就不断得到提高。当然，这里说的感性认识和理性认识也不是自然而然就产生了，要靠我们大量地去进行思维的加工，所以，要记住，在实践中有了体会就要把它记下来；记下来以后，要进行总结，这样才能提高。掌握了马克思主义的认识论之后，要有意识地去记录自己实践的经验，并且要把它们上升到理论。

马克思主义认识论把实践和认识看作是一种对立统一的辩证关系，实践决定认识，认识对实践有反作用、有指导作用。如果把实践和认识割裂开来，就会出现“唯理论”或“经验论”的错误（指唯物主义“唯理论”和“经验论”），它们都是在认识过程中出

① 《毛泽东选集》，2 版，第 1 卷，292 页，北京，人民出版社，1991。

现的错误。“唯理论”不懂得理性认识对感性认识的依赖性，实际上就陷入了唯心主义。为什么“唯理论”不懂得理性认识对感性认识的依赖性呢？因为其不懂得实践的重要性，不是用实践来理解人们认识的产生过程。“经验论”是与“唯理论”相反的观点，也是认识论上的一种错误。“经验论”是我们在实践中稍不注意就会犯的一种错误。我们通常说的“狭隘的经验论”，就是说不懂得感性认识发展到理性认识的必要性，认为有经验就可以了，理论是没用的。例如，讲哲学的人很容易被看做是光讲空话，讲大道理，没有用。光讲理论是没用，但马克思主义哲学不是光讲理论，而是主张学了理论去行动，这就有用了。但是“经验论”否定理论对实践的指导意义，所以“经验论”或者经验主义是错误的。

这样看来，人类的认识过程是一个很复杂的过程。就一个具体的小的事物来讲，我们经过若干次的反复，即从实践到认识再到实践再到认识，对一个具体事物的认识也就差不多完成了。但就整个人类的认识而言，应该是无限的。从人类对整个客观世界的认识来说，从实践到认识，再到新的实践，再到新的认识，循环往复以至无穷，但是每一次循环不是在原地盘旋，而是像螺旋一样不断上升的。每一次循环都使我们的思想提高一步，就是在实践、认识、再实践、再认识这个过程中使我们人类的思想不断积累、不断深入。毛泽东在《实践论》中对认识的辩证过程作了简练而又深刻的精彩总结。他说：“通过实践而发现真理，又通过实践而证实真理和发展真理。从感性认识而能动地发展到理性认识，又从理性认识而能动地指导革命实践，改造主观世界和客观世界。实践、认识、再实践、再认识，这种形式，循环往复以至无穷，而实践和认识之每一循环的内容，都比较地进到了高一级的程度。这就是辩证唯物论的全部认识论，这就是辩证唯物论的知行统一观。”①

我们对上述内容作一个总结，对马克思主义认识论和唯心主义、旧唯物主义认识论进行一个简单比较，以加深对马克思主义认识论的理解。

辩证唯物主义的认识论是能动的反映论：首先，它把实践的观点引入认识论，认为主体与客体首先是改造与被改造的关系，然后才是反映与被反映的关系；其次，它把辩证法应用于反映论，把认识看成一个由不知到知、由浅入深的充满矛盾的能动的认识过程。

唯心主义认识论包括：（1）唯心主义先验论。认为人的认识或者是头脑里固有的（与生俱来的），或者是天上掉下来的（神赐予的）。（2）不可知主义怀疑论。认为世界是不可认识的，或者至少是不可彻底认识的。

旧唯物主义认识论，即旧唯物主义直观反映论，离开人的社会性和历史发展去观察认识问题，因此，不能了解认识对社会实践的依赖关系，也不能把人的认识看作在社会实践基础上对客观外界的能动反映，看作一个辩证发展的过程，而是认为人脑如同镜子一般对外界直观地反映，认为认识是一次完成的。

---

① 《毛泽东选集》，2版，第1卷，296～297页，北京，人民出版社，1991。

第三节 真理与价值

一、真理与客观真理

真理，这是一个多么伟大、多么神圣的字眼啊！一谈起真理，人们都会肃然起敬！

（一）真理的基本内涵

什么是真理？并非人人都能说得清楚。如何给“真理”下一个简短的定义？我们还是借助于《哲学大辞典》的解释：真理是认识主体对认识客体的本质及其规律的正确反映。[①] 这个定义应该说是很有代表性的，也很有哲学味道。

马克思主义哲学以实践为基础，将唯物辩证法贯穿于对真理的理解之中，建立了同唯心主义真理观对立并与旧唯物主义真理观区别的科学的真理观。马克思主义哲学认为：真理的实质在于主体的认识和客观对象的本质、规律的一致。人们要形成与客观事物的本质、规律相符合的真理性的认识，不是一蹴而就的，而是一个实践和认识不断发展的过程。具体说来，真理是人们在“实践—认识—再实践—再认识”的反复过程中，遵循“具体—抽象—具体”的思维进程，通过“感性具体—抽象规定—理性具体”几个环节逐步形成的。

（二）真理的客观性、绝对性和相对性

1. 真理的客观性

首先，真理的形式是主观的，真理的内容是客观的。真理在形式上表现为概念、判断、推理等思想、理论的东西，这些东西是主观的形式，但是，它们所表现的思想内容是客观事物，是以客观的事物作为“模特儿”的。其次，检验真理的标准是客观的。辩证唯物主义认为，检验真理的标准是实践，实践的主体（人）、实践的客体（外界对象）、实践的中介（工具）、实践的过程（人的行动）、实践的结果（被人改变了的客观事物）等都是客观的，都是不以人的意志为转移的，是独立于我们的意识之外的。

2. 真理的绝对性和相对性

承认真理是客观的，这是真理问题上的唯物论；就真理的发展过程以及人们对它的认识和掌握程度来说，真理又有绝对性和相对性，这是真理问题上的辩证法。“马克思

① 参见《哲学大辞典》，1 937 页，上海，上海辞书出版社，2001。

主义者承认，在绝对的总的宇宙发展过程中，各个具体过程的发展都是相对的，因而在绝对真理的长河中，人们对于在各个一定发展阶段上的具体过程的认识只具有相对的真理性。无数相对的真理之总和，就是绝对的真理。”①

真理的客观性、绝对性和相对性的方法论意义表现在以下两个方面：

第一，承认真理的客观性，有助于我们反对“主观真理论”，即在真理问题上的唯心主义。主观真理论指否认客观真理的唯心主义真理观。这种真理观从意识第一性、物质第二性的基本哲学前提出发，否认物质世界的客观实在性，否认物质决定意识，否认真理是对客观事物及其规律的正确反映，因而也就必然否认真理内容的客观性。主观真理论分为客观唯心主义真理观和主观唯心主义真理观。客观唯心主义认为，真理是高于人的意识的“绝对精神”或上帝所具有的根本属性。其主要代表有柏拉图、黑格尔以及中世纪的经院哲学。主观唯心主义认为，真理是纯主观范围内的东西，它存在于感觉和观念之中。其主要代表有休谟、康德、马赫等。只有坚持辩证唯物主义的客观真理论，才能真正掌握和发展真理，避免各种主观真理论对人们思想的侵蚀。

第二，在真理的绝对性和相对性问题上，我们必须反对割裂二者辩证关系的绝对主义和相对主义。我们实际工作中的教条主义、思想僵化，把马克思主义当成一种现成的公式，到处生搬硬套，是绝对主义的表现；否定马克思主义的基本原则，散布马克思主义“过时论”，是相对主义的表现。二者都是错误的。

3. 真理与谬误

真理与谬误相比较而存在、相斗争而发展，这也是真理发展的规律。真理与谬误的根本区别就在于主观是否与客观相符合、相一致，相符合、相一致就是真理，谬误就是对客观事物及其规律的错误认识。真理与谬误既对立又统一。首先，真理与谬误是对立的。其次，真理与谬误又是相互联系的。再次，真理的发展也是通过与谬误的斗争来实现的。最后，真理和谬误在一定条件下会相互转化。

真理与谬误辩证关系原理的方法论意义：真理与谬误的辩证关系原理告诉我们，要想做一个彻底的唯物主义者，就必须勇于坚持真理、修正错误，树立终生为真理而奋斗的理想信念，准备随时为真理而献身。

二、真理与价值

（一）价值与价值观

1. 价值的定义

哲学上的“价值”是指客观事物（客体）对于人（主体）的需要满足与否的关系。当客体能够满足主体需要时，客体对于主体就有价值；客体满足主体需要的程度越高，

---

① 《毛泽东选集》，2版，第1卷，295页，北京，人民出版社，1991。

价值就越大。当然，这里的“客观事物”也应该包括“人”本身。因为“人”既可以是客体，也可以是主体，所以，这里的“人”有双重的意义：主体与客体。

价值的特性：第一，价值具有客观性。第二，价值具有主体性。第三，价值具有社会历史性。第四，价值具有多维性。

2. 价值观的定义

价值观是人们对人和事的评价标准、评价原则和评价方法的观点的体系。它与世界观和人生观是一致的。价值观对人的行为起着规范和导向作用。马克思主义以绝大多数人的利益为评价是非、善恶、美丑的标准，归根结底是以社会的进步和人类的彻底解放为标准的。价值观不同的人们，行为的取向也会不同，甚至可能截然相反。即使从同一个真理性的认识出发，也可以引出不同的甚至相反的行为取向。例如，同样是一种科学技术，由于对它的运用不同，可以造福于民，也可以危害社会。科学技术的具体作用要看掌握科学技术的人树立了什么样的价值观以及在这种价值观指导下的行为取向。

（二）真理和价值在实践中的辩证统一

在实践中，真理既是制约实践的客观尺度，又是实践追求的价值目标之一，即通过实践获取关于外部世界的科学认识；而价值则是实践追求的根本目标，同时又是制约实践的主体尺度。真理和价值在实践基础上是辩证统一的。“中国原子弹之父”钱三强曾说：“虽然科学没有国界，科学家却是有祖国的。正因为祖国贫穷落后，才更需要科学工作者努力去改变她的面貌。”这里的“科学没有国界”说明了真理的客观性、普遍性；“科学家却是有祖国的”说明了科学的价值和科学家的价值观。

真理和价值在实践中的辩证统一关系表现在：第一，成功的实践必然是以真理和价值的辩证统一为前提的。“按科学规律办事”与“满足人的需要”是辩证统一的：“按科学规律办事”是“满足人的需要”的前提和保证，“满足人的需要”是“按科学规律办事”的目的和价值，在人们的实践活动中，这二者统一起来了。第二，价值的形成和实现以坚持真理为前提，而真理又必然是具有价值的。第三，真理和价值在实践和认识活动中是相互制约、相互引导、相互促进的。

（三）在实践中坚持和发展真理

坚持认识和实践的统一，必须坚持辩证唯物主义的真理观，努力做到以正确的理论为指导，在实践中坚持和发展真理。实践基础上的理论创新是社会发展和变革的先导。通过理论创新推动制度创新、科技创新、文化创新以及其他各方面的创新，不断在实践中探索前进，是我们的治党治国之道，是坚持和发展马克思主义之道。

陶行知是我国近代一位伟大的教育家、创造学家和著名诗人，他不仅对马克思极为崇敬，而且在马克思主义哲学的启发下具有很强的创新精神。1936 年 10 月，陶行知和一位同事到英国伦敦海格特公墓去瞻仰马克思，他们在一片荒冢里寻找了几遍才发现恩格斯所题的墓志，他们惊叹这一旷世伟人之墓竟这样平凡。后来，陶行知在给儿子陶晓光的一张照片背后题了一首小诗，题为《马克思墓》，诗文是："光明照万世，宏论醒天下。'二四七四八'，小坑葬伟大。"（"二四七四八"是马克思墓号数。）这首诗充分表达了陶行知对马克思的无限敬仰。陶行知原名陶文章，青年时期因受我国明代王阳明"知行合一"、"知行并进"思想的影响，改名为陶知行，后来又改名为陶行知。陶先生崇拜马克思的辩证唯物论，从他把自己的"知行"的名字改为"行知"就可以看得出来。他把王阳明"知是行之始，行是知之成"的唯心论改为了"行是知之始，知是行之成"的唯物论。这就表明他得益于马克思的思想启示，创新了名字，创新了人生。作为早期留学美国的知识分子，陶行知精通英语，以后又以"国民外交使节"的身份，为宣传中国人民抗日救国的主张，游历欧美等二十多个国家，学会了几门外语；五十岁以后，他为进一步学习马克思、列宁的原著，又攻读俄语，不断攀登……关于陶行知的这些小故事说明：一个人追求真理、学习进取、思想创新是永无止境的，认识世界和改造世界也是永无止境的。

马克思主义认识论所揭示的人类认识的本质和发展规律的学说，为人类正确认识世界和改造世界指明了现实的道路。在现实生活中，我们既要不断认识和改造客观世界，也要不断认识和改造主观世界。辩证唯物主义认为，自由是对必然的认识和对客观世界的改造。由必然到自由表现为人类不断地从必然王国走向自由王国的过程，也就是不断获得真理的过程。

1. 联系实际谈谈你对"实践"范畴的理解及实践对认识的决定作用。
2. 如何理解认识的辩证过程？
3. 如何理解真理与价值的辩证关系？

第八章

马克思的“发现”

——人类社会也是物质运动

在前面几章中我们已经学习了哲学的性质、功能、历史发展和基本问题，世界的物质统一性原理和实事求是的思想路线，即马克思主义的唯物论思想。唯物论主要讲世界的本原问题，在哲学上称为“本体论”。马克思主义哲学的唯物辩证法思想主要是讲世界是运动的、运动是有规律的，并且讲了关于唯物辩证法的一系列规律和范畴，这些内容都是关于整个自然界、人类社会和人的思维的共同规律。马克思主义的认识论主要是讲实践对认识的决定作用和实践与认识的辩证运动等。本章的内容和前面几章有所不同，主要是讲关于社会发展的客观规律问题，在马克思主义哲学中称为唯物史观，或者称为历史唯物主义。这一部分非常重要，因为唯物史观是马克思对哲学的贡献，是马克思一生中的两大发现（唯物史观和剩余价值学说）之一。整个《资本论》就是建立在这两大学说之上的：以唯物史观作为哲学指导，以剩余价值学说作为理论基础，来剖析整个资本主义经济运动的规律，然后揭示了整个资本主义社会发展的规律，所以才做出了资本主义必将被社会主义、共产主义所代替以及人类社会发展的前途是共产主义的结论。共产主义不是一种个人的主观臆造，而是马克思在研究整个资本主义社会及其发展规律以后所得出的结论。

第一节　历史唯物主义和历史唯心主义

唯物史观是马克思主要的发现之一，难道说在马克思主义产生之前就没有唯物史观的思想吗？

一、历史唯物主义的思想历程

在马克思主义产生之前，关于历史唯物主义的思想是有的，但没有形成一个体系，或者说还不彻底。在马克思之前的一些历史学家、哲学家和社会学家都有一些类似的思想，例如空想社会主义，尽管没有成功，但是他们的精神却是可嘉的。当时欧文到美国去做共产主义的试验，拿自己的财产投进去，按照自己设想的共产主义原则建立了叫做“新协和村”的社会组织，过共产主义生活，但是三年就失败了，因为仅靠他的财产，物质基础还是不够丰厚，整个社会的基础不行，周围都被资本主义的东西包围着，共产主义很难实现。尽管他们的试验失败了，但是他们对整个人类社会发展的规律进行了探索，当时他们已经看到了生产是社会发展的动力，这和马克思说的“生产力是社会发展的根本动力”已经很接近了，不过他们在这里绕了一个弯，又回到了唯心主义。他们是这样推理的：生产是由什么决定的呢？生产主要是靠工具推动的。那工具又是靠什么改进的呢？主要是靠科学技术。那科学技术又是靠什么推进的呢？靠理性。在这里就转弯了，他们最终找到的社会发展的原因是“理性”。从找到物质原因，然后转了一个圈，又回到思想的原因，他们的思想转了一个圈，又回到理性决定世界这个唯心主义的观点上来了，所以在马克思之前，关于社会历史的观点都是唯心主义的观点。比如黑格尔的历史观，整个黑格尔的体系是唯心主义的，但是他的著作里面也有很多唯物主义的成分，所以和他的体系一样，包括自然界、人的思维和人类社会，黑格尔都阐述了一些对于历史唯物主义很有价值的思想，他的很多思想是非常深刻的，包括马克思都在其中吸取精华。

当然，马克思的唯物史观也不是离开人类文明的大道创造出来的，他也是对以往的思想加以概括，再加上当时的社会历史条件，在对这些做了分析之后才创立了唯物史观。所以我们说，在马克思之前没有创立理论体系，并且他们的思想不彻底，在关键时刻就转弯了。像费尔巴哈也是这样，他本来是唯物主义者，是德国古典哲学唯物主义的著名代表，但是他的唯物主义到了观察人类社会的时候就把重点放到人的道德方面了。他的推理也不能说不对，例如，他说社会的状况决定于人的道德水平，大家的道德水平都很高，那么社会不是就显得很进步吗？所以他就要求从道德方面加强教育和修养，这样社会就进步了，最后他的结论是靠道德推动社会的进步，甚至从教育、从社会其他的一些方面去寻找社会发展的动力。这些思想最终都没有跳出历史唯心主义的圈子。

马克思主义哲学产生之前，所有的历史观基本上都是唯心主义的，它们有两大缺陷：一是探讨思想动机时没有发现思想背后还有物质原因；二是没有看到人民群众的作用。马克思主义并不否认思想动机的作用，人要去活动、要去实践，肯定要有一个思想在支配，找到产生这种思想理论背后的物质原因是马克思比他以前的思想家高出一筹的地方。马克思主义还特别重视人民群众的作用，因为人民群众是社会发展的基础，是他们创造了社会发展的物质财富和精神财富。

二、历史唯物主义和历史唯心主义的根本区别

在马克思主义产生之前，所有的历史观都是唯心主义的。那么，我们怎么判断一种历史观到底是唯心主义的还是唯物主义的呢？判断唯物主义和唯心主义的标准是如何解决社会历史观的基本问题。根据对于世界的本原问题的回答，形成了唯物主义和唯心主义的“分水岭”：凡是承认物质决定意识、存在决定思维的观点的哲学派别，就是唯物主义；凡是承认意识决定物质、思维决定存在的哲学派别，就是唯心主义。在社会历史观问题上同样是这样，社会存在和社会意识的关系问题的不同解决，也是区分历史唯物主义和历史唯心主义的一个标准。

（一）社会历史观及其基本问题

我们先明确一下“社会历史观”这个概念：社会历史观和我们前面讲的世界观有类似之处。我们说世界观是人们对整个世界的根本观点，那么社会历史观就是人们对人类社会历史的根本看法，如社会的起源、本质、发展动力和一般规律等问题，这都是社会历史观的重要问题。讨论这些问题的理论体系，以及根本观点，我们称为社会历史观。

社会历史观涉及的基本问题就是社会存在和社会意识的关系问题，那么社会存在是什么呢？社会存在是指人类社会物质生活的要素和条件，包括人们在物质生产活动过程中形成的生产方式，也包括地理环境和人口因素。整个社会体系中有物质因素也有精神因素，这是马克思分析社会问题的一个很重要的方法，从这里可以看出哲学的功能，它具有一种反思的功能。马克思把纷繁复杂的社会现象分成两类：物质的和精神的。在分清这两类之后，他用“社会存在”来概括社会的物质因素，在这之上生长出来的精神现象称为社会意识，指人的头脑对社会的一些观点、认识。社会意识是人类精神生活要素的总和，包括人们的政治法律观点、哲学、道德、艺术、科学、宗教等意识形态以及社会心理、风俗习惯等。从几个大的方面来说，它首先包括最高的思想成果，即哲学，所以我们学哲学要认清它在整个人类精神中的地位；接下来是道德、艺术、科学、宗教等；还有更低层次的社会心理、风俗习惯等，都属于精神成果的范畴。社会存在和社会意识这两大因素的关系问题是社会历史观的基本问题。如何去处理这个关系，就成了区分历史唯物主义和历史唯心主义的标准。

（二）唯物史观和唯心史观的对立

凡是承认社会存在决定社会意识的，就是历史唯物主义；凡是承认社会意识决定社会存在的，则是历史唯心主义。唯物史观和唯心史观的对立主要表现在以下方面：

（1）唯物史观和唯心史观之间的对立表现在社会存在和社会意识的关系的处理方

面，这是最根本的方面。历史唯物主义承认社会存在决定社会意识，唯心主义恰好相反，认为社会意识决定社会存在，这是最根本的对立。

（2）关于谁是历史的创造者问题。就是如何对待群众历史作用的问题，是承认群众创造历史还是承认英雄创造历史，是承认广大的人民群众创造历史还是承认个别的伟大的人物（比如将军、国王等英雄人物）创造历史。这也是一个根本的对立，这个对立更容易引起人们的思想混乱。人们总是倾向于承认英雄创造历史，因为从表面看来，这些英雄人物确实能够一呼百应，他们好像是历史前进的动力。但事实上，马克思主义的伟大就是在于其看透了这种现象，抓住了社会发展中实质性的东西，从唯物主义出发，把社会物质条件的变化看做是社会根本的变化，从这里看到了群众创造历史的深刻的道理。

（3）承认社会基本矛盾是社会发展的根本动力与否认这一根本动力之间的对立。历史唯物主义认为生产力和生产关系之间的矛盾、经济基础和上层建筑之间的矛盾推动着社会的发展，它们之间是对立统一关系，生产力和生产关系之间的矛盾、经济基础和上层建筑之间的相互作用形成了社会发展的根本动力。但是，历史唯心主义由于从唯心主义的观点出发去观察社会，发现不了这些矛盾，所以它不承认有这些矛盾，更不承认这些矛盾是社会发展的根本动力。

第二节　生产方式对社会发展的决定作用

前面我们讲了社会存在包括生产方式、人口因素、地理环境等，那么这些因素对于社会发展的作用是什么呢？它们对于社会发展的作用是不是等同的呢？当然不是，我们虽然认为它们都是社会发展的物质条件，但是它们的作用不是等同的。从马克思主义唯物史观来看，生产方式这种因素是起决定性作用的，人口因素、地理环境属于社会发展的物质条件，对社会发展起着重要作用，但不起决定作用，它们只是社会存在和发展的自然、客观的条件。

一、地理环境对社会发展的重要作用

首先我们明确一下“地理环境”的概念：地理环境又称为自然环境，主要是指人们所处的地理位置以及与地理位置相关的一些条件的组合，比如山脉、河流、气候等都属于地理环境。

地理环境对社会发展所起的作用是直接的，也是重要的，因此，也容易引起人们的

误解，认为它可以对社会发展起“决定性”作用。在现实生活中，确实有这样的现象：靠海的地方出海打鱼比较方便，出去经商也比较方便，所以有人将英国发达的原因归结为英国的地理环境，它靠海，出海方便，其实，这种观点是经不住推敲的。我们国家很多岛屿出海都很方便，为什么没有像英国那样发达呢？包括香港地区，也是后来才发展起来的，最初为什么没有形成这样的大城市呢？所以不能说地理环境就是社会发展的决定力量。

关于“地理环境决定论”的观点，有些典型论点，像孟德斯鸠在政治学上有很多经典著作，但是他在分析政治问题、社会历史问题时的观点是唯心主义的。他承认并特别强调地理环境的决定作用，在解释民主制和奴隶制这两种不同政治制度的时候，他就讲到了地理环境的决定作用。欧洲为什么产生民主制？非洲和南美洲为什么产生奴隶制？他认为是由于这些地方的气候造成的：北半球的人由于气候寒冷，人的身体结构比较“精致”，所以他们的性格比较勇敢，他们只能是作为民主国家统治其他国家，拥有发达的政治制度；非洲以及其他热带地区，由于气候炎热，人们精神萎靡不振，人的身体结构也不精致，行动懦弱，所以天生就是奴隶。这种说法好像有点道理，奴隶制是分布在热带，寒带没有奴隶制啊！不过那些地方的气候现在也没有多大变化，由于地球的温室效应反而变得更热了，为什么奴隶制就没有了呢？这是因为整个世界生产方式的变化，还有奴隶本身的斗争等各方面的推动，所以说不能把社会发展的根本动力归结为地理环境。有人说我国的广东省是沿海地区，靠海，所以最先改革开放。但1983年以前广东也是很落后的，过去也是靠海啊，为什么那么长时间不发展呢？所以，关键是生产方式的变化，由于国家改革开放的政策，引进了先进的技术和先进的生产方式，才能有所发展。类似这样的情况很多，这里就不一一列举了。总而言之，地理环境对社会发展起着重要作用，但是不起决定性作用。

二、人口因素对社会发展的重要作用

人口因素对社会发展的作用又是怎样的呢？人口因素不仅仅是指人口的数量，还包括很多方面，如人口的质量、结构等因素。这些因素对社会的发展也起着重要的作用，甚至也有人将人口因素作为社会发展的根本动力，这些人研究人口时，往往用一些直观的生物学的知识来分析人口问题，例如马尔萨斯，他认为人口的发展直接决定社会的发展，所以他主张要限制人口，但是他主张的限制人口和我们现在讲的计划生育不一样，他是用一种自然的、生物学的观点去考察社会人口。1798年，马尔萨斯出版了一本小册子——《人口原理》。这本书的主要内容是以“两个公理”为基础的：第一，食物为人类生存所必需。第二，两性之间的情欲是必然的，且几乎会保持现状。根据这两个公理，马尔萨斯认为：人类的性本能决定人口以几何级数增长，食物只能以算术级数增长。因为人口增长速度快于食物供应的增长速度，随着时间的推移，人口将超过食物的供给量，因此战争、瘟疫、饥荒等天灾人祸将伴随着人类。马尔萨斯不懂得人口的社会属性，把人口增长同一般的动物繁殖等同，将资本主义生产方式特有的相对“人口过剩”现象，说成是永恒不变的自然规律，把资本主义造成的贫困、失业说成是自然规律作用的结果，从而掩盖了资本主义剥削制度的实质。

所以，我们不能用纯生物学的眼光去看待人口问题，人类的人口问题需要调节，但是要靠科学的方法。人口的社会运动和生物运动不同的地方在于人口变化除了生物运动外还有道德、法律、传统观念等很多措施可以去制约，不是纯粹生物学的运动。过去我们总是把“经济落后”的根本原因归结为“人口因素”，一讲到中国的国情就是人口多、底子薄，然后才讲到生产方式落后。其实这个说法应该反过来，“生产方式落后，人口多、底子薄”。

以上结合生产方式、地理环境、人口因素进行了大致的分析。总而言之，不能将表面现象看成是社会发展的根本动力，当然，我们也要肯定它们的作用，不能忽视它们。

三、生产方式是社会发展的决定力量

地理环境和人口因素都不能决定社会的发展，那究竟为什么生产方式决定着社会的发展呢？生产方式是指人类生存所必需的物质生活资料的谋取方式，这就是我们通常所说的生产方式的概念。在讲到马克思发现唯物史观的时候，他是从人类社会生存发展的最基本的因素来考察的，人类要生存、要发展，首先要吃、穿、住、行，为了解决吃、穿、住、行所需的物质资料，就必须进行生产。动物不用劳动，直接靠自然来生存，有东西吃就生存，没有就死掉了，这是自然的过程。但是人类就不一样，人类不仅要活下去，而且要活得好；不仅要生存，还要发展。要获得满足生存和发展需要的物质资料，靠自然的恩赐肯定不行，要靠生产，要发展生产力、发展科学技术，提高生产力水平。只有生产力还不能解决人的生产方式问题，怎样生产啊？所以马克思说，唯物史观重视的不是生产什么而是怎样生产。人类能获得一块地瓜，动物也能获得一块地瓜，但是获得的途径、手段不同，这就是人类与动物的不同。这里说的就是怎样生产的问题，就是人们的生产方式问题，包括生产力（这是物质条件）和生产关系，人们在生产中要靠一定的社会关系才能共同完成生产任务，不是单个人去完成的。

一个人的个体活动也离不开社会的因素，所以马克思就强调社会因素、社会关系。生产中的社会关系就是生产关系。生产力和生产关系构成一对社会矛盾，生产力和生产关系构成了社会的生产方式。如何生产呢？用什么样的工具生产？是开着拖拉机还是用锄头呢？或者用计算机？这是一种工具，它标志着生产力的水平。怎样结成这些关系？我的机器是别人提供给我的还是我自己的？这就是一种物质关系。生产出来的产品是归我自己所有还是为别人劳动？这也是一种关系。生产中是别人指挥我还是我指挥别人，或者是大家互相监督呢？这都是一种关系。是合作关系还是一种统治与被统治的关系呢？这都是生产中的社会关系，称为生产关系。生产方式是生产力与生产关系的对立统一。

生产方式是怎样对社会起决定性作用的？为什么能起到决定性的作用？生产方式的作用还要从整个人类的实践活动说起。马克思主义在讲到认识论时讲了实践的决定作用，讲到人类社会运动时也强调实践的概念，人类社会是通过实践活动使人和自然发生关系的，把自然界的一些物质因素变成了社会发展的因素，光靠思想是完不成这个任务的，要靠人类的实践活动。但是实践活动非常广泛，前面我们分析过，有精神劳动实践、生活实践、生产实践、科学试验、阶级斗争等，这么多实践的形式，哪一种是最根本的？马克思抓住了本质：生产实践，物质资料的生产。这是人类社会发展的最主要的推动力，其他的都是在这个基础上发生的。物质资料的生产也包括很多方面，哪一种因素是最主要的生产呢？生产方式。不是生产的产品，而是生产产品的方式，这是决定社会发展的因素。奴隶社会生产小麦，共产主义社会同样生产小麦，那为什么社会不同呢？是因为生产方式不同。生产方式怎么来起决定作用呢？下面我们来进行分析。

第一，生产方式或生产活动是人类从动物界分离出来的根本动力和人类区别于动物的根本标志。

动物获取生活资料，人也获取生活资料，但是获取的方式不一样，这种方式区别越大，人和动物的区别就越大。当人用木棍去生产的时候，动物用四肢、嘴巴去生产，那就差不多。在原始社会，动物和人的区别不是很大，人和动物都住在森林里，动物没有房子，人也没有房子。但是，后来由于生产力的发展，人盖起了房子，自然灾害来临时，人有了防护的能力，动物离人越来越远了，甚至人不承认自己是动物了。造成这种区别的原因就是生产方式的变化，生产越发展，人与人的社会分工越复杂，社会就越进步。

第二，生产方式是人类社会赖以存在的基础，是社会运动的物质承担者。

生产方式是社会运动的物质承担者。比如生产力是物质的，生产力不是抽象的东西，生产力中包括人，人使用什么工具，其他的劳动资料是什么，这些都是实实在在的，没有这些因素，人类就很难进行生产，也没有社会进步的物质承担者，在这个基础上人们之间的生产关系也是物质关系。什么是生产关系？生产资料归谁所有、生产中人与人之间的关系如何、产品如何分配等，这些因素都是一种物质的条件，没有物质也谈不上物质关系，这些都说明社会作为物质运动的一种形式，它的物质承担者就是生产方式，包括生产力和生产关系的各种要素。有人讲社会就是一种关系是不对的，社会中包括社会关系，但是不仅仅是这些关系，它有物质的因素，也有物质关系的因素，当然还有在这些因素之上生长出来的政治的、文化的因素。所以社会是物质的运动。

第三，生产方式决定社会的结构、性质和面貌。

生产方式对一个社会的经济、政治、思想构成的社会结构起着决定性作用。人类社会从原始社会、封建社会、资本主义社会、社会主义社会到未来的共产主义社会，社会性质在变化，社会面貌在变化，这是由什么决定的？我们按社会规律来解释、分析社会进步的必然性，以及为什么最终会过渡到共产主义。从哪里分析呢？比如说，马克思说手推磨产生的是以封建主为首的社会，蒸汽磨产生的是以工业资本家为首的社会。为什么？手推磨是一种生产力，它代表了以手工劳动为主的生产力，生产力就决定了人与人之间的关系，那时候没有大工业，是手工劳动，于是就产生了地主和农民之间的关系；后来由于蒸汽机的发明和广泛使用，劳动工具变化了，生产力提高了，人们之间的关系也在变化，所以封建的生产关系过渡到资本主义生产关系。封建时代有钱的地主、商人利用各种方式剥夺了农民的小片土地，进行大机器生产，大量土地被大机器生产占有了，这些农民就成为了工人，这就形成了资本主义的生产关系。这种变化是由什么引起的呢？是由于蒸汽机的发明和广泛使用引起的。

人类社会从资本主义社会过渡到共产主义社会靠什么呢？靠智能化的生产力体系。由于计算机的广泛使用，白领阶层越来越多，意味着人与人之间的关系在变化。将来随着智能化生产的比例越来越大，整个社会人与人之间的关系就越来越平等，这样就离共产主义社会越来越近，所以说共产主义不是一个很难实现的目标。有人说共产主义是一个很遥远的事情，其实我们已经在享受着一些共产主义的因素，比如平等关系、好的物质生活，已经在慢慢实现了。单个人赞成或反对实现共产主义（这些都是个人的想法），不影响或者说不能最终影响社会发展的总趋势，因为生产方式才是最终的决定力量，所以马克思主义认为人类历史就是生产方式更替的历史。只有从这个角度看，人们才能看到社会一步一步向前发展的轨迹。如果只从思想领域或其他的领域看，就看不出来这种进步，从物质因素看，这种进步就很明显了。

第四，生产方式的变化决定着整个社会历史的变化，决定着社会形态的更替。

社会性质的变化和面貌的变化，实际上最终会导致社会形态的更替。社会形态是指社会的经济基础和上层建筑的统一体。我们讲的五种社会形态，从原始社会、奴隶社会、封建社会、资本主义社会、社会主义社会一直到共产主义社会的更替，靠什么呢？靠生产方式。所以我们在学校里要好好学习，多搞些发明出来，促进生产力的发展。科学技术不断渗透到生产中去，促进生产，提高整个社会的物质水平，本身就是推动社会发展的一个最根本的动力，这样我们离共产主义就会越来越近。

思考题

1. 历史唯物主义和历史唯心主义的根本区别在哪里？
2. 为什么说生产方式是社会发展的决定力量？

第九章

“神秘”的社会并不神秘

——社会结构新探

上一章我们主要讲了关于人类社会存在和发展的物质基础等问题，其中重点讲了生产方式是人类社会存在和发展的决定力量。它不仅仅是社会运动的物质承担者，而且是人类最终从动物界分离出来的根本标志；它作为一种物质力量，决定着社会形态的更替，决定着社会的结构、性质和面貌。在这一章我们讲的主要内容是社会结构问题。

我们这里要讲的社会结构与前面所讲的社会物质承担者的关系是非常密切的。我们知道，人类社会和自然界之间有着密切的联系，地理环境、人口因素、生产方式等都和物质条件有着密切的联系，也和自然界有着密切的联系。由于人类物质生产资料的生产方式与动物获取物质资料的方式有很大的不同，并且越来越不同，这种不同就造成了人类和自然界发生“分离”①，这种分离就形成一种社会运动，社会的独特运动。

我们分析社会结构有助于进一步了解社会的本质和它内在的运动机制。社会的基本结构分为三个层次，最低层次就是经济结构，这是唯物史观的一个最基本的观点，也是马克思主义哲学的一个基本的观点。所谓经济结构，是指一个社会中占统治地位的生产关系的总和，也称为经济基础。在这个基础之上生长出上层建筑。上层建筑包括两个方面：政治的和文化的（或思想的）上层建筑。这两个方面也形成两个层次，就是政治结构和文化结构。

---

① 这种分离是带引号的，不是真正的分离。它看起来好像是分离，实际上人类社会永远也不可能离开自然界。

第一节　社会的经济结构

在现实的社会生活中，有很多经济问题，这里又讲到经济基础，但是我们对“经济”范畴并不一定很清楚。其实，我们在现实生活中有很多“熟视无睹”的现象，比如说时间，我们用各种各样的表指示时间，但是时间到底是什么？我们可能说不清楚。这样的现象是很多的，“经济”范畴也是这样。

一、经济基础中的“经济”范畴

（一）基本观点：经济基础就是“生产关系”

广义的经济基础包括生产力和生产关系两个方面，狭义的经济基础只包括生产关系。从狭义的角度分析，经济基础是什么呢？生产力不包括在经济基础之内，这个论断可能会引起很多人的不理解：我们讲发展经济、发展生产力，生产力为什么不包括在里面？那我们发展经济为什么要发展生产力呢？下面进行分析。

（二）“基本观点”的理论依据

我们先来分析生产力到底指的是什么。生产力是指人类改造自然、获取生活资料的能力，构成生产力的要素有劳动资料、劳动对象和劳动者。这些生产力的要素是以物质实体的形式相对独立存在的因素，不属于经济范畴，只有生产关系才是经济范畴。马克思的观点是：“经济”范畴只不过是生产的社会生产关系的理论表现。既然经济范畴是生产的社会生产关系的理论表现，那么，作为现实中的经济现象，就是生产关系。经济范畴是一种理论的东西，是一种概念。那么这个范畴表现的是什么对象呢？是社会的生产关系，是生产的社会关系，也就是生产关系。马克思关于这一点还有精彩的论述：“机器不是经济范畴，正像拉犁的牛不是经济范畴一样。现代运用机器一事是我们的现代经济制度的关系之一，但是利用机器的方式和机器本身完全是两回事。火药无论是用来伤害一个人，或者是用来给这个人医治创伤，它终究还是火药。”① 在这段话中，马克思一开始就说，机器不是经济范畴，正像拉犁的牛不是经济范畴一样。这里讲的机器、牛都是一种自然生产力。机器只是一种生产力，以应用机器为基础的现代工厂才是生产上的社会关系，才是经济范畴。马克思认为，经济范畴是一种生产关系，而不是一种自

① 《马克思恩格斯选集》，2版，第4卷，535页，北京，人民出版社，1995。

然的力量，怎么用机器才体现了一种经济关系，使用机器和机器本身是两回事。所以，马克思反复强调这一点：生产力不是经济范畴。机器只是一种生产力，它并不是经济范畴，这说明生产力就不是经济范畴。

再如，资本也是一种社会关系。这是资产阶级的生产关系，是资产阶级社会的生产关系。“商品”不是物，本质上是一种社会关系。货币是一种特殊的（充当一般等价物的）商品，也代表一种社会生产关系。在这里，马克思说得更清楚。资本当然是一种社会关系，它属于经济范畴。商品不是物，说明物本身不是经济范畴，但是商品是经济范畴。“商品不是物”，比如说商店里有那么多东西，牛奶、面包，各种用的、吃的，怎么不是物？其实，它是以物的形式表现了商品生产者和需要者的一种关系，一种供求关系。商品生产者把他的劳动作为一种形式放在那里，这种形式的东西代表的是商品生产者的一种劳动。

马克思讲到经济范畴时，认为我们研究经济问题、研究经济范畴不能用显微镜，也不能用化学试剂，只能用“抽象力”，用抽象思维的能力。这就更加说明研究生产关系靠抽象，眼睛是看不见的，所以我们说“经济是一只看不见的手”。如果是生产力，一看就看到了：牛、机器一看就看到了，但是你能不能看到它背后的生产关系呢？这个牛、机器为谁所用？它的生产是为了什么？是为了自用还是为了去交换？如果是自用，那就不叫商品生产，那叫产品生产，是在自然的经济形态下进行的。但是，在商品生产发达的社会，大多数工厂生产的东西都不是自用的，生产的目的是为了跟别人交换，从中获利。

（三）“基本观点”的现实依据

刚才讲了马克思的论述，这里也结合实际做些分析。一旦结合实际的时候，我们就会发现如果把生产力当做经济因素之一的话，就会出现一些很难解释的问题。比如，出现经济危机时，一般的表现是什么？商品大量过剩，这个“过剩”是带引号的，是相对过剩，绝对不是整个社会的劳动人民吃不了、用不了，而是想买的没有钱买，想卖的卖不了。这是什么原因呢？这绝对不是生产力“低下”造成的，这是生产力和生产关系之间的矛盾没有协调好，往往是生产力很发达的社会才出现“生产过剩”的经济危机。这种情况下，主要是因为生产关系没有协调好，特别是分配关系，让消费的人不能消费，生产者和消费者之间没有一个有效的“过渡桥梁”，最后发生了以“生产过剩”为主要特征的经济危机，这是现实生活中大家都能理解的问题。近几年我国广泛出现了市场“疲软”等，这也是因为一些经济关系没有调整好，特别是消费与积累的关系没有调整好，这个比例没有达到一个平衡的比例，导致商店的东西卖不了，即使卖了，价格也很便宜，生产厂家赚不了多少钱。但是，另外一方面，还有一些人比如一些边远山区的农民还是买不起。

通过理论和实际的分析，我们就可以得出一个结论：生产关系是人们在生产、分配、交换、消费过程中形成的一系列的关系，即生产资料归谁所有的所有制的关系、生产中人与人之间的关系、产品分配关系，这三个方面共同构成了生产关系，这就是我们所指的生产关系的总和。这种生产关系的总和就是经济关系。我们讲经济基础、经济关系就是讲生产关系。当然，生产关系概括起来就是人与人之间的物质关系，它本身不是物，这就是马克思所讲的：商品不是物，资本也不是物。

二、阶级是一个经济范畴

阶级是一个经济范畴，马克思讲出了这个道理，黑人本身不是天生就是奴隶，黑人本身不是一个经济范畴，但是，奴隶是一个经济范畴，奴隶标志着人们之间的经济地位不同，因为一个人在生产关系中所处地位的不同使他成为奴隶或成为奴隶主。黑人不是天生就是奴隶，黑人就是黑人，纺纱机就是纺棉花的机器，关键看它用在哪里，它的使用就会变成一种经济关系、一种经济范畴。

阶级是一个经济范畴，很多人对这个提法不是很理解，因为，一般按照常识，一提阶级，人们就认为是政治领域的，实际上，阶级应该从经济这个角度来划分，而不是从思想、政治等其他领域来划分。从实质上讲，社会之所以分成不同的阶级，是因为人们的经济地位各不相同，有的占有生产资料，有的不占有。列宁对阶级有一个很明确的定义：所谓阶级，就是这样一些集团，由于它们在一定社会经济结构中所处的地位不同，其中一个集团能够占有另一个集团的劳动。列宁的这个阶级定义做了一个很深刻的概括，说出了阶级的实质。

我们来剖析一下阶级的定义：首先是人们所处的地位不同，主要指经济地位不同，在一定经济结构中所处的地位不同。还有，我们不能说某人有知识、有思想、想象力很丰富就属于资产阶级。可能有人说现在是知识经济时代，这个社会可能会发生变化，有思想、有知识的人就成了资产阶级。这种观点是不正确的。因为知识是共享的，我的知识我不能垄断，我要用、要增长知识就要传播，一传播大家就都能知道，特别是现在网络等知识传播工具非常先进，所以，我们从知识、从政治地位很难断定其阶级地位。那么统治阶级处于什么地位？首先，经济上处于统治地位，这样的阶级才是真正的统治阶级，占有大量的生产资料，在生产中处于主导地位，在分配时利用自己的优势，占有大多数劳动产品，这就是一个阶级地位高的表现。

第二节　社会的政治结构

前面我们对“经济”这个范畴有了进一步的理解，那么，经济结构和政治结构是什么关系呢？这也是容易造成误解的一个问题。现在一提起政治课很多同学就不感兴趣，甚至有人说喜欢搞经济研究，对政治一点都不感兴趣。其实这些说法都是对政治本身还不够了解的表现，不明白政治的实质是什么，更不明白政治与经济之间的关系是什么。

一、政治与经济的关系

政治与经济之间有着不可分割的密切关系，甚至可以说是一个问题的两个方面。

（一）政治与经济的辩证关系

列宁指出：“政治是经济的集中表现……政治同经济相比不能不占首位。不肯定这一点，就是忘记了马克思主义的最起码的常识。”[①] 经济是政治的基础并决定着政治，政治又反作用于经济，离开政治就不能发展经济。

那么政治是干什么的呢？为发展经济服务。比如选举等活动都和经济有关系。一个人竞选总统，他的竞选演讲可能包括很多内容，但是，最主要的是看他如何去发展这个国家的经济，如果在这方面没有实质性的东西，那么他的竞选是很难成功的。当然竞选演说可能还包括其他的政策改变，如在思想领域将采取什么政策，但是，一系列的政策都离不开好的经济政策。再如，一个企业家如果不懂得国家的大政方针，不懂得国家的经济政策、法律以及思想、文化、民族的风俗习惯等，怎么能办好企业？真正的大企业家没有不关心政治的，不但关心，而且还积极参与政治。有些企业家当政协委员、人大代表，争取到这种政治地位，就可以代表他所在的阶层去参与制定更符合企业发展要求的政策、法律，去保护他的经济利益，实现他的经济目标。所以，政治与经济不能分开。

（二）反对“空头政治”

离开经济去搞所谓的“政治运动”，是我们都不要的“空头政治”。什么叫空头政治？就是离开经济的政治。不抓生产，不去搞经济活动，而去搞政治运动，你斗我，我斗你，你整我，我整你，互相在政治领域争来争去，这属于一种很不正常的现象。离开经济去搞政治运动不是真正好的政治，真正好的政治没有一个是不关心经济的。不关心经济的政治不符合社会发展的规律。按照社会发展的规律，经济决定政治，不能离开经济去搞政治。

二、政治结构的具体内容

政治是为整个经济生活保驾护航的。政治本身就应该从它和经济的关系中去理解。

---

① 《列宁选集》，3版，第4卷，407页，北京，人民出版社，1995。

那么政治结构的具体内容是什么呢？这就是下面要分析的内容。说到政治结构，它本身的内容非常丰富，也非常复杂。政治结构包括两个方面的内容：一是政治、法律、行政制度；二是政治组织和政治设施，包括国家政权机构、政党、军队、警察、法庭、监狱。这些政治制度、政治组织和设施合起来就是政治结构的主要内容，当然还有其他的一些社会团体。政治结构的核心是国家政权。

（一）国家的实质

先来看一看“国家的实质”这个问题。刚才讲到，政治结构的核心是国家政权，国家通过政权来发挥它的职能。那么国家的实质是什么？按照马克思主义的观点，国家是阶级压迫和统治的工具。国家都有这样一个本质，就是阶级压迫的工具，是一个阶级镇压另一个阶级的暴力机关。讲到“专政”，毛泽东说过：敌人说我们太残暴，太专制。专制是对敌人的，国家要保护人民就不能对敌人仁慈，对敌人讲仁慈就是对人民不讲仁慈。所以，国家作为暴力机关，有军队，有警察，就是对破坏国家建设、破坏人民利益的敌人毫不留情地实行暴力。当然，在这里我们也应注意：不要认为自己是社会主义国家的公民就可以为所欲为，只要你违反国家的法律你就成了国家的敌人。我们要做好公民，不要违法，不要乱纪，不要贪污腐化，不要触犯刑律或干其他违反国家法律、政策的事情，只要违反了国家的法律，违反得越严重，就越成为国家的敌人。

国家就是这样一种性质的工具，谁掌握国家的政权，都要以这种工具去维护国家公民的利益，维护大多数人的利益。我们作为在校生要加强政治方面的修养，知道一些关于国家实质的知识，就不会做那些看起来很幼稚的事情。

（二）国家的职能

国家作为社会政治结构的核心有哪些基本职能呢？国家通过它的职能去实现它的本质，这个本质表现出来的就是国家职能。

1. 国家的对外职能

国家职能分为对内和对外两种职能，这里我们先讲对外职能，按照从外到内来讲。国家的对外职能有两个：一个是外交，另一个是国防。日常的外交活动以及与其他国家的关系非常重要，特别是在经济全球化、中国加入 WTO 后所面对的新形势下，必须加强外交，不能忽视这一点，更不能闭关锁国。过去我们把自己“封闭”起来，这种做法肯定不能再重复，不能把外交看成可有可无的。我们现在的国家领导人在国际舞台上很活跃，这是中国和世界历史的进步。另外，防御外来侵略者、保卫国家主权和领土完整也是一个非常大的使命。特别是我们国家还没有完全统一，台湾问题还没有解决，在这种情况下，国家对外职能就显得特别重要。

2. 国家的对内职能

国家的对内职能主要有三个方面：政治统治、经济建设、社会管理。执政党用政治、用权力来维护国家的稳定，维护国家秩序，这是每一个执政者都要做的，这是一方面。另一方面，就是搞经济建设。我们国家在经济建设中发挥的作用是非常大的，国家在对经济实行宏观调控的基础上，要把国家和企业的关系搞好，不要去争企业应该有的权利，要给企业相应的自主权。国家如果对企业管得过多、管得过细也不行，但是给企业无限的自主权也不好，还是要加强宏观调控，同时法律约束、宏观经济政策、各种配套措施也要跟得上，这是最好的状态。宏观上调控，微观上放开，达到一个平衡是最好的。

社会管理职能也是国家的一个职能，国家同时承担了这种社会职能，并且根据国家的性质，这种职能将来就表现为公共管理职能。到了共产主义社会，国家以公共事务管理者的姿态出现，国家“暴力”统治的事情越来越少，而公共事务管理者的角色越来越突出，那时候国家就逐渐走向消亡了。

第三节 社会的文化结构

前面我们对社会的政治结构有了一个比较系统的了解，那么，对文化结构，我们应该怎么理解呢？像我们讲的经济概念一样，文化概念也有广义和狭义之分。一讲到文化，有些人就说：有精神文化、制度文化和物质文化三个层次。听起来好像挺有道理，但是到底什么是文化？这里的阐释既要符合理论的要求，也要符合实际的情况。

一、文化的实质是精神

在现实生活中，我们说谁有文化，谁没有文化，谁是个文化人，这里讲的文化就是一种精神的东西。什么是文化人？读书多的人，掌握很多理论、有很多知识的人，就叫文化人。一个人经营文化产业，他也不一定是文化人。这些对文化的理解一般都是狭义的。狭义的理解就是指精神层面。广义的理解则是指精神层面、制度层面、物质层面。

在马克思主义哲学教科书中把“文化”的内涵归结为狭义的“精神文化”，实际上就相当于“社会意识”那一部分内容。过去讲“社会意识”，现在又用“文化”来代替。我们从精神文化这个层次去理解文化本身，既符合教科书讲的内容，又符合我们日常生活中对文化的理解。

人类在实践活动中创造的一切精神成果，应该归纳在“文化”的这个范畴里面，当然，政治法律思想是整个精神成果的核心，哲学也应该是文化中最精华的部分。这也符合马克思的说法：每一个时代人类精神的精华就体现在哲学里面。马克思主义哲学虽然诞生一百多年了，但是它的作用以及唯物辩证的思想还没有一个哲学流派能超越。由于它们的各种背景不同，不但没有超越，反而有些相对于马克思主义哲学而言是歪曲的、倒退的。其中一些人，比如现在世界上公认的“四大思想家”——法国的德里达、美国的詹姆逊、德国的哈贝马斯、英国的吉登斯，他们在深入了解了马克思之后，没有一个说自己和马克思是对立的。马克思主义理论是解决现实问题的最好理论，他们也把马克思主义当做一种方法论。所以，我们认为马克思主义哲学特别是现在讲的唯物史观是我们这个时代精神最精华的部分。

二、文化与文明

文化与文明存在一种什么样的关系？这是我们可能经常遇到的、看起来相似但又不相同且难以说清的问题。什么叫文化？什么叫文明？有些人甚至认为二者可以相互代替。文化和文明有这样一种关系：人类文化发展到较高的阶段或水平的时候，就称人类进入了文明时代。文明和野蛮是相对立的：野蛮的人缺乏文化，而文明的人很有文化修养。

在文化与文明的关系中，应该从四个层次去理解文化：

（1）文字知识和思想理论水平。识字多，理论掌握得多，思想很丰富、深刻，就是有文化的表现。有些人思想丰富，但是不识字，不能说他的文化程度很高，为什么呢？因为他的思想是不稳定的，是道听途说的。首先要识字，识字多了，读书多了，理论很丰富了，思想丰富了又能写出来，这样的人文化程度就比较高，这是一个方面。

（2）科学技术知识，包括自然科学技术知识和社会科学技术知识以及一些交叉科学方面的知识。如果对当今的科学技术一窍不通，怎能说你有文化呢？不管是学习哪个专业，对当今世界科学技术都应有所了解，否则，其文化水平就会大打折扣。

（3）道德修养和礼仪。道德修养也是表现一个人文化程度高低的方面，你文化程度很高，但你做的事情是违反人类道德的事情，肯定不能说你很有文化、很文明，因为道德本身也是一种知识。道德知识、道德行为与道德修养密切相关。礼仪也是文化的一个方面，评价一个人有没有文化时，这也是一个重要的方面。我们国家是礼仪之邦，这不是自封的，是以文化为基础的。

关于礼仪，在这里再多说几句：对封建的礼仪有些要批判，但有些好的东西还是要继承下来，能够体现人民文明风度的礼仪还是要继续发扬。比如，参加宴会时，不讲礼仪随便坐，就会显得很别扭。礼仪和文化有时候和习惯相联系，例如中国有个习惯，吃饭的时候要让长者坐到正位。当然，哪个位子是“正位”，完全是一种习惯。按中国人的习惯，与门口正对着的位子就是长者坐的位置。如果在有长者的场合，年轻人坐在正位，谁看着都别扭。另外，开会也是这样，比如你把一个最高领导放在一个最边角的位置肯定是不妥的，秘书坐在最中间也不舒服，大家都不舒服。正式会议排名通常都是非常讲究的，谁坐哪个位置都是有规定的，这就是礼仪之邦，这就是文明的表现。

（4）哲学修养。哲学修养是文化水平的一个重要标志。没有哲学头脑的人，文化素质总是受到限制。哲学可以给人以智慧，没有哲学头脑，思维方式和思维能力都会受到限制，文化水平也会受到限制。

讲到具体内容，文化就是上述这四个方面。这四个方面就是组成“木桶”[①] 的四块“木板”，缺少任何一块，文化程度和文明程度都会受到影响。文化发展到一个高级阶段，就是文明。这四点都做好了，文明时代就到来了。

1. 经济基础指的是什么？
2. 政治与经济是什么关系？
3. 如何理解“文化”范畴？

---

① 盛水的木桶是由许多块木板箍成的，盛水量也是由这些木板共同决定的。若其中一块木板很短，则此木桶的盛水量就会被短板所限制。这块短板就成了这个木桶盛水量的“限制因素”或称“短板效应”。若要使此木桶盛水量增加，只有换掉短板或将短板加长。人们把这一规律总结为“木桶原理”或“木桶定律”，又称“短板理论”。

第十章

是谁创造了人类世界

——群众的智慧

上一章我们讲的主要内容是社会的基本结构，是从静态角度来分析问题的。这一章我们从动态的角度，从社会发展的动力、规律来分析研究问题，弄清社会历史发展的真正动力在哪里。我们通过分析社会发展规律，落脚点归结到群众创造历史。下面首先我们要讲的问题是社会基本规律。

第一节　社会基本规律

什么是社会基本规律呢？按照唯物史观的观点，它是由社会基本矛盾来决定的。社会基本矛盾有两对：一是生产力和生产关系之间的矛盾；二是经济基础和上层建筑之间的矛盾。这两对矛盾贯穿人类社会发展的始终，因此叫做社会的基本矛盾。人类社会的每一个阶段，从原始社会一直到未来的共产主义社会，都贯穿着这两对基本矛盾。由于这两对基本矛盾的作用，也产生了两条社会发展规律，即生产关系一定要适合生产力状况的规律和上层建筑一定要适合经济基础状况的规律。这两条社会发展规律是如何发挥作用的呢？

一、“生产关系一定要适合生产力状况”的规律

“生产关系一定要适合生产力状况”的规律，它的作用机制是怎样的？生产力决定生产关系，生产关系又能动地反作用于生产力，这就是它的一个作用机制。

（一）生产力决定生产关系

生产力决定生产关系主要表现为：生产力的状况决定着生产关系的性质，生产力的发展决定着生产关系的变革。对此，马克思有精彩的论述。马克思指出：手推磨产生的是封建主为首的社会，蒸汽磨产生的是工业资本家为首的社会。马克思这句话很说明问题：手推磨就是指以手工劳动为主的生产力状况，这种生产力的状况决定了生产关系是封建的生产关系，是农民阶级和地主阶级之间的那种关系，同时决定社会的性质也是封建主为首的社会——封建社会。蒸汽磨就是指机器大生产、机械化的劳动为主的生产力状况。以这种工具为代表的生产力，就决定了生产关系的性质是资产阶级和无产阶级之间的那种生产关系，同样，最终决定它是资本主义社会的生产关系。

（二）生产关系反作用于生产力

生产关系如何反作用于生产力？当生产关系适合生产力状况的时候，能促进生产力发展。这里不是说生产关系越先进越好，当然，落后肯定不行，太先进也不一定就非常好。采取什么形式的生产关系，关键是看它适不适合生产力的状况。如果适合，它就可以促进生产力的发展；如果不适合，就会阻碍甚至破坏生产力的发展。关于这一点，我们国家也有深刻的教训：我们在生产关系上也搞过“大跃进”、“人民公社”，这些东西看起来很“先进”，但是，实践证明它们不适合当时中国生产力的基本状况，所以不得不在改革过程中放弃。

（三）生产关系“适合”生产力的辩证过程

当一种新的生产关系建立之后，它往往是适合生产力的，因为它是人们根据生产力的发展状况建立起来的。脱离了生产力的发展状况，头脑发热，靠行政命令去建立脱离实际的生产关系，就可能会阻碍生产力的发展。一般情况下，通过革命获得政权，靠这个政权建立起来的生产关系基本适合生产力的状况。但是，因为生产力是最有“活力”的因素，而生产关系有一定的“惰性”或者稳定性，生产力在这个适合的关系内发展，发展到一定的程度就会出现不适合。就像一个形式，它的内容在里面发展，发展到一定程度，形式会显得容纳不下这一内容。这时候，又需要革命或者是改革，再达到两者之间的适合。实际上，整个作用过程就是这样：从基本适合到基本不适合再到基本适合，交替出现，这就是整个生产关系一定要适合生产力状况变化的规律运动的辩证过程。

二、“上层建筑一定要适合经济基础状况”的规律

社会基本规律的第二条是“上层建筑一定要适合经济基础状况”的规律，这条规律的作用机制是这样的：经济基础决定上层建筑，上层建筑对经济基础有巨大的反作用。

（一）经济基础决定上层建筑

我们在前面讲过，经济基础就是生产关系，它和生产关系是“同一个因素”，那么，这两条规律在这里有了一个结合：人与人之间的“物质关系”，相对于生产力而言是生产关系，相对于政治的、思想的上层建筑而言就是经济基础。经济基础决定上层建筑的性质，经济基础的变革决定上层建筑的变革。

例如，封建的经济基础与生产关系，当时是农民阶级附属于地主阶级的，是不自由的。这样一种经济基础就决定了与之适应的上层建筑是封建的上层建筑，它是集权的、专制的，因为它不自由，也没有什么民主机制，只能是集权的、专制的，还有非常严格的等级制度和封建宗法思想观念。这种集权的东西和专制的东西来自于封建的生产关系，来自于地主和农民之间的生产关系。农民半依附于地主阶级，被束缚在土地上，离开土地就没法生活。地主往往掌握大片的土地，农民只有很少的土地甚至没有土地。所以，农民要生存，就要去给地主打工或者租地主的地。这种依赖性是很强的。

我们再来看看资本主义社会的经济基础对上层建筑的决定作用。资本主义社会的生产关系与封建社会的生产关系相比有了变化。尽管看起来工人阶级还是受资产阶级的压迫剥削，但是这时候工人阶级成了一种“自由人”，独立于并且受雇于资产阶级。这个“自由”是指工人阶级有打工的“自由”，这里的“自由”、“独立”等是加引号的，是指无产阶级只是独立于个别资本家，而不能独立于整个资产阶级。无产阶级可以“自由”地出卖自己的劳动力，但只能选择出卖给哪个资本家，而不能在“出卖”与“不出卖”之间选择，因为他们要生活下去。这其实是马克思的一个观点，工人阶级一无所有，除了自己掌握的技术、知识、技能之外，没有什么生产资料，他只能受雇于资产阶级。所以我们这里讲的“自由”、“平等”、“民主”都是带引号的。资本主义的上层建筑，那种“自由”、“平等”是由资本主义社会工人阶级和资产阶级之间看起来相对自由、相对独立的生产关系决定的。资本主义的上层建筑，包括自由、平等、人权等思想，还有所谓的民主政治制度，看起来好像很民主，实际上这个民主是很有限的。

（二）上层建筑对经济基础的反作用

上层建筑是由经济基础来决定的，同时，上层建筑对经济基础有巨大的反作用。即掌握了政权的统治阶级利用政权的力量和思想的影响促进自己经济基础的形成、巩固和发展，并且同那些不利于自己经济基础的上层建筑（包括政治的、思想的）的残余作斗争。这就是上层建筑的反作用。

以中国共产党为例，中国共产党的执政经验越来越丰富，执政能力越来越强，与苏联共产党相比，中国共产党是非常成功的，成功的经验之一就是利用上层建筑、利用政权的力量、利用思想的影响起作用，以马克思主义理论为指导，这种思想文化方面的影响对经济基础起着巩固发展的作用。这是很明显的一个上层建筑对经济基础的反作用的正面例子。

从反面的例子来看，苏联共产党执政失败的一个重要的原因就是没有很好地利用当时的上层建筑和思想的影响，以发挥对经济基础的积极的、巨大的反作用。例如，苏联共产党首先在信仰上就发生了动摇。当时苏共领导人戈尔巴乔夫所谓的“新思维”就是想方设法放弃马克思主义的指导地位，让西方所谓的“自由”、“民主”、“平等”来做苏联共产党的指导思想，最后导致苏联共产党在组织上动摇进而全部解散。上层建筑的动摇使苏联共产党无法利用政权来巩固自己的经济基础，而且采取了重视重工业、不重视农业和轻工业的发展政策，没有解决好重工业和轻工业之间的关系以及工业和农业之间的关系，所以最后导致执政党的垮台和政治经济局势的动荡。这是深刻的教训。

三、社会基本矛盾运动

生产力和生产关系、经济基础和上层建筑这两对社会基本矛盾之间有什么关系呢？它们之间又是怎么相互影响和作用的呢？可以看出，这里三个因素（生产力、生产关系/经济基础、上层建筑）构成了两对社会基本矛盾，生产关系和经济基础是一个因素，这个因素起着双重作用，所以这两对矛盾的联系是非常密切的。三个因素构成了两对矛盾，这中间有一个共同联系的环节，即生产关系把整个社会的基本矛盾的运动串联了起来。在这个前提下，这两对社会基本矛盾相互影响、相互作用，从而推动社会形态发展。关于社会形态的发展，马克思认为，社会的发展是有规律的历史过程，“社会的物质生产力发展到一定阶段，便同它们一直在其中运动的现存生产关系或财产关系（这只是生产关系的法律用语）发生矛盾。于是这些关系便由生产力的发展形式变成生产力的桎梏。那时社会革命的时代就到来了。随着经济基础的变更，全部庞大的上层建筑也或慢或快地发生变革。”[①] 这就是马克思对社会形态发展变化的描述。

社会形态的变化归根结底是由社会基本矛盾推动的，是受两条社会基本规律所制约的。那么，在这里需要明确社会形态的概念。社会形态实际上就是指同生产力发展的一定的阶段相适应的经济基础和上层建筑的总和。经济基础和上层建筑构成了整个社会大厦，这就是我们指的社会形态，当然这个社会形态是建立在生产力的基础之上的。从这里可以看出，马克思没有把生产力放在经济基础里面，而是反复强调在这个物质条件之上，也就是说在生产力这个物质条件之上，树立起整个社会大厦，这个大厦里面有经济基础，有政治的、思想的上层建筑。不能把生产力这种物质本身放到经济基础里去，它只是社会的一个物质基础。在这两对基本矛盾的推动之下，人类社会从低级到高级这样一步一步有序地发展，迄今为止，人类社会已经历了原始社会、奴隶社会、封建社会、资本主义社会、社会主义社会，未来还要到达共产主义社会。我们可以这样理解：人类

---

① 《马克思恩格斯选集》，2 版，第 2 卷，32～33 页，北京，人民出版社，1995。

社会一路走来，都是在社会基本矛盾推动之下进行的。

社会基本矛盾作为社会的根本动力，推动社会由低级向高级发展，这是一个客观的过程，是不以人的意志为转移的。生产关系一定要适合生产力的规律、上层建筑一定要适合经济基础的规律，这是社会发展的基本规律，因此也是马克思主义政党制定党的路线、方针、政策的客观依据。我们党制定一系列的路线、方针、政策，要以这两个规律作为依据。学习社会的发展规律，掌握唯物史观的基本原理，目的就是使我们党的路线、方针、政策更加符合客观实际。

第二节　社会发展的动力系统

一、社会发展的动力系统构成要素

社会的基本矛盾是社会发展的根本动力，那么，除了这个根本动力之外，还有没有其他的动力也在推动着我们整个社会的发展呢？当然有，除了根本动力还有一些非根本的动力。社会的发展还有一些重要的动力，例如，一般教科书中都会提到这样的社会发展动力：社会基本矛盾是社会发展的根本动力；阶级斗争是阶级对立社会发展的直接动力；革命是推动社会发展特别是社会形态更替的重要动力；改革是社会发展的又一重要动力；科学技术对推动社会发展有非常重要的作用。[①] 这些提法大家都已经“习以为常”了，但是，仔细琢磨一下，觉得还有一些逻辑问题。如我们说阶级斗争是“直接动力”，别的动力是不是直接动力？难道都是“间接动力”？显然不是。再如，我们说革命、改革、科学技术都是“重要动力”，难道它们之间没有什么区别吗？这些动力之间是一种什么关系？它们是通过什么机制发挥作用的？这些问题教科书中基本未涉及。对于上述动力的排列顺序也没有考虑到时代的发展，没有突出科学技术在知识经济时代的地位。

我认为，社会发展的动力系统的构成要素应这样排列：社会的基本矛盾、科学技术、社会改革、阶级斗争、社会革命。社会的基本矛盾作为社会发展的根本动力是没有什么争议的。把科学技术放在显著的位置，体现了知识经济时代的特征，而且，在以后的社会发展中，科学技术的作用会越来越突出。社会改革、阶级斗争、社会革命这些动力，离开科学技术都是不能真正发挥作用的：社会改革的方向、目的、手段，都不能离开发展科学技术；阶级斗争、社会革命也要依靠科学技术才能成功。

另外，这些动力要素中缺少“主体”要素，也就是“人民群众”。我们说“人民群

---

① 参见本书编写组：《马克思主义基本原理概论》，100～112页，北京，高等教育出版社，2008。

众是历史的创造者”，这是从主体的角度讲社会发展的动力，为什么不将其纳入社会发展动力系统呢？我们应将“人民群众和个人在历史上的作用”也作为社会发展动力系统的构成要素，而且是主体动力要素，是其他一切动力发挥作用的“活动力”，离开这一主体，其他动力就不能启动，就会成为一种“抽象动力”。因此，社会发展动力系统的构成要素就变为：人民群众、社会的基本矛盾、科学技术、社会改革、阶级斗争、社会革命。

二、社会发展的动力系统作用机制

（一）系统作用机制分析

这里讲的“社会发展的动力系统作用机制”是以“社会基本矛盾”为基础，以“人民群众”为动力“主体”来运行的。也就是说，上述各种社会发展的动力系统的要素首先要引起生产力的变化，具体说是增长，然后引起生产关系的变革，进而由经济基础引起上层建筑的变更，从而使整个社会形态向前发展。这一过程是由社会发展动力的“主体”——人民群众来完成的，他们是历史的剧作者，又是历史的剧中人。社会基本矛盾运动是通过人民群众的实践活动来实现的。科学技术、社会改革、阶级斗争、社会革命都是人民群众实践活动的具体形式，只有人民群众被最广泛地发动起来并且以极大的热情参与到这些活动中，这些要素的动力作用才能真正得以实现。

大多数教科书指出，阶级斗争是社会发展的直接动力，科学技术是社会发展的有力杠杆，社会改革和社会革命是强大动力。这些提法都有些抽象，其实，这些因素必须要通过社会基本矛盾才能发挥作用。这些因素归根结底要通过对生产力的促进，通过生产力的促进对生产关系的调整，即通过经济基础的变化，使整个社会发生变化，从而推动社会前进。那么，这个时候科学技术、阶级斗争、社会改革、社会革命等因素才真正发挥推动历史前进的作用。可以看出，如果某种因素没有推动生产力以至整个社会的前进，就不能说它是社会发展的动力。

（二）要素作用机制分析

1. 科学技术的作用机制

科学技术既可以造福人类，也可以用来损害人类。科学技术和科学技术的应用是完全不同的，科学技术只有为广大群众所掌握并且成为社会生产力的要素发挥作用的时候，它才能真正成为社会发展的动力。

2. 社会改革的作用机制

社会改革也是如此，只有有利于广大人民的社会改革才会成功，才会有利于社会的发展。不是所有的改革都能推动社会的发展。有些改革，如果不能推动社会进步，就不能说是社会发展的动力，如“人民公社”也是一种改革，是一次大规模的土地改革，是从个体所有制向公有制的改革，但是，历史已经证明，这次改革是失败的，它不仅没有推动历史的前进，反而对中国历史的发展产生了阻碍。改革开放政策使中国取得了巨大成就，这是有目共睹的，但是，我们也不能说改革过程中的每一项具体的改革都是成功的，不能说每一项改革都推动了社会发展。以住房改革为例，如果住房改革过快，超出了当地经济社会发展的实际，也会阻碍社会发展。例如，广东省住房改革发展较快，但现在遇到一个普遍的问题，就是住房成了广东进一步发展的“瓶颈”：要发展，就需要高层次人才；要引进高层次人才，就要解决住房问题。如果住房补贴不到位（没有或者太低），人才引进就是一句空话，不仅难见“孔雀东南飞”，而且“东南孔雀到处飞”的现象也不少见。可见，不是所有的社会改革都能推动社会发展，要具体问题具体分析。只有那些促进了社会生产力进步并推动整个社会前进的改革，才是社会发展的动力。

3. 社会革命的作用机制

社会革命也是这样。20 世纪 30 年代，当时所谓的“左派”布尔什维克在不了解中国具体国情的情况下，组织中国的工人阶级在大城市举行暴动，结果损失惨重。不了解中国的实际，盲目地组织所谓的革命暴动，这不是马克思主义者所提倡的，这是脱离实际的。尽管看起来是革命，但是对社会发展没有起到很大的推动作用，最终也不能推动社会的发展。

4. 阶级斗争的作用机制

阶级斗争作为阶级对立社会发展的“直接动力”，也不是直接发挥作用的，它也要首先具有“解放生产力，发展生产力”的作用，才能成为社会发展的动力。有些阶级斗争不但不是阶级对立社会发展的“直接动力”，而且可能是社会发展的“破坏力”。

第三节　群众是历史的创造者

我们刚才讨论了社会发展的动力问题，包括根本动力和主要动力，我们是把“人民群众”当做“主体”动力来看待的。但是，一些学者认为马克思主义理论不讲“人”，理论中只有干巴巴的、抽象的规律，把“人”撇开了。生产力本身不就是以人为主体吗？人操作劳动工具改造劳动对象，这才形成了生产能力。有人认为，马克思的社会发展理论里面没有人的痕迹，这是一种误解。马克思主义从来就没有忽视人的作用，并且特别强调人民群众创造历史的作用。历史唯物主义从社会存在决定社会意识这个角度出发，把人民群众看作社会存在——社会物质条件的最主要的创造者。所以从这个角度考虑，社会发展的主体动力应该是人民群众。这和我们刚才讲的规律发生作用是不矛盾的，更生动地体现了社会发展的动力问题。

为什么要把人民群众看作社会发展的主体动力呢？以下就这个问题进行分析。

一、人民群众是社会物质财富和先进生产力的创造者

科学技术是社会发展的有力杠杆，从其促进了社会生产力发展这个角度来看，它起着推动社会发展的作用。那么科学技术是怎样发生作用以及怎样促进生产力发展的呢？首先是用科学技术武装广大人民群众。科学技术如果仅仅是少数人掌握，生产力的发展还不是很明显，就像我们国家引进一些成套技术，在大多数人还不了解这些技术、引进的生产线只有少数几个技术员懂得、工人的操作水平上不去的时候，它的生产能力照样达不到，关键是广大工人的科学技术素质的普遍提高以及广大劳动人民群众的科学技术、知识水平、素质的提高。这个方面一旦提高了，整个社会就会有很大的变化。生产能力、产品的质量和技术含量都提高了，整个社会的面貌就不一样了。

二、人民群众的实践活动是一切精神财富的源泉

关于这一点，有些人就不以为然：劳动人民不识字，怎么会是一切精神财富的创造者呢？这是不是有点儿牵强附会？其实，这里的意思是：一些文学家写出了小说，或者理论家创造出了自己的理论体系，这些小说或理论体系的最终源泉还是来自于广大的劳动人民群众，来自于广大的劳动人民群众的实践活动。比如《聊斋志异》和《水浒传》，这些故事都是文学家从民间搜集来以后加以整理、虚构，使之更加系统化，最后成了文学家的著作。实际上，故事主人公的原型都来自于广大的人民群众，来自于人民群众的口头文学、民间文学。

这也给了我们一个很好的启示：学历高的人，千万不能自以为是，要多到人民群众中去调查研究，才能有思想上的升华。精神财富的一切源泉来自于人民群众。所以，从这一点来讲，社会精神成果的最终源泉也来自于人民群众。

三、人民群众是实现社会变革和制度创新的决定力量

实际上，不管是封建主阶级反对奴隶主阶级的革命还是资产阶级反对封建主阶级的革命，或者是我们的社会主义革命，革命的主体力量都是人民群众。如果争取不到人民群众，革命就成功不了。革命成功一个很关键的前提就是要代表人民群众的力量，让人民群众能够感觉到革命是在为群众办事。中国共产党和国民党的斗争，之所以会出现翻天覆地的“大逆转”——中国共产党由弱变强，国民党由强变弱并最终归于失败，主要原因也是国民党没有争取到人民群众的支持。中国共产党以马克思主义为指导思想，以

“打土豪，分田地”的政策来发动群众、组织群众，最后队伍不断壮大，才取得了革命胜利。国民党没有群众基础，政治上的失败导致军事上的失利，最终失去了政权。所以，人民群众创造历史，这是唯物史观的一个非常重要的观点，我们在任何时候都不能忘记这个观点。温家宝总理说：只有将群众放在心上，群众才能让你坐在台上。这话说得很实在、中肯，也非常符合历史唯物主义群众创造历史的观点。

四、对“英雄史观”的批判

英雄史观认为个别的英雄人物是社会发展的根本动力。刚才我们分析了为什么人民群众是实现社会变革和制度创新的决定力量，但是人民群众和英雄人物并不矛盾。严格说来，真正成为英雄人物的，他本身应该是人民群众中的优秀分子。英雄人物如果得不到人民群众的拥护，他就成不了英雄；如果不依靠人民群众，他也成不了英雄。但是一些唯意志主义者认为，英雄人物的一个小小的思想可能产生重要的作用，这种夸大人的意识的作用、夸大某个英雄人物的意志的作用是不符合实际的。

哲学家尼采是个唯意志主义者，他就鼓吹所谓的“超人”，认为“超人”具有“决定一切的力量”，“可以使千万年的历史生色”，人民群众“是一堆任人使用的无定形的材料，是一块需要雕刻家加工的石头”。尼采这样来对待英雄和群众，看不起群众，是完全错误的。当然，他在这里鼓吹英雄也有很多私心在里面，他把自己也看作“超人”。很多人鼓吹历史上的一些英雄人物，最终也不忘把自己放在里面，说自己也是英雄。黑格尔也是这样，鼓吹国王，鼓吹别人，并认为自己也是英雄、是思想家的代表。

与英雄史观类似的观点还有基督教的“上帝创世说”和儒家的“天命论”，它们都不符合实际，是和唯物史观对立的。英雄人物在历史上确实起到了很大的作用，但是这种作用是建立在人民群众的作用之上的，如果离开人民群众，他们就一事无成。每一个人如果离开群众的作用，都将一事无成。

五、群众观点和群众路线

承认群众创造历史有重要的意义。在中国共产党的实践过程中，在中国革命和建设的实践过程中，它的意义非常突出。所以，中国共产党把唯物史观进一步具体化为群众史观，或者说，是党的群众观点和群众路线。党的群众观点是无产阶级政党的基本观点，它的主要内容包括四条：第一，相信人民群众能够自己解放自己的观点；第二，全心全意为人民服务的观点；第三，一切向人民群众负责的观点；第四，向人民群众学习的观点。

在这些观点之上，我们又有党的群众路线，这个群众路线是群众观点在具体工作中的贯彻运用，实际上也是我们党的一个根本的领导方法和工作方法。群众路线可以概括为“从群众中来，到群众中去”，或者“从群众中集中起来，再到群众中坚持下去”。从群众中集中起来，也就是把群众实践的经验集中起来，把群众的意见集中起来。这就要调查研究，通过调查研究把群众中很多感性的东西和理性的东西集中起来，加以分析研究和推理，最终拿出一些好的、集中的意见，然后再到群众中去贯彻，这样，群众对这些方针政策更感亲切、更拥护，因为这些方针政策本身就是他们的观点。

但是，对于群众的观点不能照搬。有人说群众路线就是“大家说怎么办就怎么办”，不是这样的，这是不负责的态度。群众发表意见时大多带着自己的主观意识，而且群众是由一个一个的人构成的，因此我们要善于把这些个人的观点综合成一个真正的群众观点。毛泽东同志指出，群众路线实际上也是一种认识路线，也是从实践中来再到实践中去，这和认识论是一致的。

1. 社会发展的基本规律是什么？它们是如何发挥作用的？
2. 如何理解社会动力系统及其作用机制？
3. 为什么说群众是历史的创造者？
4. 什么是群众观点和群众路线？在现实生活中如何走群众路线？
5. 谈谈生产力和生产关系之间的辩证关系及其对中国经济改革的意义。

第十一章

智能化生产力的“魔力”

——人类从哪里来，到哪里去

现代新技术革命从20世纪初发展到现在，可以说是方兴未艾。从生物技术、航天技术到海洋技术等一系列的技术变革不断深入，都离不开计算机技术。所以我们说世界新技术革命的基础是计算机革命，是信息革命。离开计算机技术，其他领域的革命都失去了基础。我们要讲的生产力和生产关系矛盾运动的新特点，首先就从这里开始。由于计算机的广泛应用，使生产力发生了一个深刻的变化，我称之为“智能化生产力”，以区别于以往的那种以机械、电力为主的生产力，这种智能化的生产力会引起生产关系的变化。

第一节　智能化生产力

智能化生产力既然是一种先进的生产力，那么它对现在的生产关系有什么样的影响呢？这就是我们下面要讲的问题，首先要对“智能化生产力”做一个简单的说明，还是从生产力的三要素开始。

首先，生产力的主体是劳动者；其次是劳动工具或者说生产资料，是以生产工具为标志的；最后是劳动对象，也就是生产劳动指向的客体。生产力的三要素在智能化的生产力体系中发生了什么变化呢？

一、智能化生产力中的劳动者

以计算机为基础的智能化的生产力体系中的劳动者，是具有较高的科学文化水平、掌握了较高的实际操作技术的“白领”阶层，即脑力劳动者是劳动主体。从事物质生产的劳动者大大减少，从事各种服务的劳动者大大增加。科研人员、设计人员、管理人员、商业人员、金融人员和从事控制型劳动的科技工作者从物质生产中分离出来，从事各自专门的工作。马克思曾经设想，在将来的社会生产中，人们站在机器旁，不用自己去干活了，站在机器旁看着机器生产。现在生产力的发展已经超出马克思的设想了——人们不仅不用亲自动手操纵劳动工具，而且不用站在机器旁，而是远离机器，在看不到机器的地方遥控着机器，即在办公室里通过操作键盘去控制生产过程。

二、智能化生产力中的劳动工具

智能化生产力中的劳动工具是由计算机控制的、智能化程度较高的生产体系，或者说是无人工厂、无人车间或 CIMS（Computer Integrated Manufacturing Systems，直译就是计算机集成制造系统）。最发达的生产体系，是将从市场调查中得到的生产计划输入计算机系统，由系统自动去完成整个生产过程，最后运到市场上去销售，完全是自动化。这是工业，那农业呢？农业完全是生产蔬菜（或其他农作物）的流水线，这个流水线要经过一个月或者几十天完成一个生产周期。农业生产体系完全是室内生产、无土栽培，是立体化的农业，是一个很先进的、完全用计算机来控制温度、湿度、施肥等“无人”的生产体系，包括销售计划都可以通过分析市场反应自行制定出来。这就是我们的劳动工具，这种劳动工具和过去的劳动工具完全不一样了。

三、智能化生产力中的劳动对象

劳动对象主要是经过人类劳动改造的“人造物”。在这种生产力体系中，人工创造的新物种、新材料，如转基因产品、高性能的复合材料等，都成了人类劳动实践活动所指向的劳动对象，甚至数据、信息、知识等也成了新的劳动对象。过去劳动者往往面对的是荒山野岭，面对的是直接的自然。但是现在呢？是以人工加工过的原料作为主要的劳动对象。原始的东西也要，但是现在主要是通过深加工提高它的价值。例如，电脑元件中的芯片是用高精度的硅做成的，沙土、岩石里面就有大量的硅，但是这些硅做不成电子元件，要用高新技术把它提炼出来，然后把它做成符合制作电子元件要求的材料，这种符合要求的材料要经过若干道工序，用一些很高精的技术才能完成，而一旦完成，技术含量就增加了，芯片的价值就高了。所以，我们要认识到劳动对象的这种变化。如今甚至连数据也成了劳动对象，数码摄像机把我们拍下来，通过数据处理，然后再制作成影像产品，这里的数据处理工作所指向的数据就是劳动对象了，是看不见摸不着的东西。

这种生产力的变化就形成了一种智能化的生产力。

第二节　智能化生产力对生产关系的影响

智能化的生产力使生产关系发生着深刻的变化，但是，很多人没有注意到，甚至有些人还没有去思考这方面的问题。

一、理论创新：智能化生产力产生的是劳动者为首的社会

按照唯物史观——生产力决定生产关系这个原理，马克思有很形象的一段话："手推磨产生的是封建主的社会，蒸汽磨产生的是工业资本家的社会。"① 手推磨代表着手工劳动，蒸汽磨代表着机械劳动，机械劳动就代表另一种生产力，即机械化生产力。智能化生产力产生的是劳动者为首的社会。这个劳动者不是一般的劳动者，是知识分子，是"白领"劳动者。这就是生产关系的变化。我们要考察生产力的变化，还要考察生产力的变化所引起的生产关系的变化以及整个社会的变化。

二、人与人之间的关系平等化

从企业来看，白领阶层跟企业老板的关系和过去蓝领工人跟企业老板的关系也有很大不同。现在一个白领，或者说是一个非常主要的白领、一个技术人员，他跟老板是什么关系？是越来越平等的关系。老板对白领阶层特别是主要的技术骨干，不仅在态度上好，还会给他很高的薪水，如果需要的话，还会给他股份。

企业与企业之间的关系也是如此。过去，企业和企业之间强调竞争比较多，现在还有竞争，但除了竞争以外，更多的是提倡合作和双赢。这是不是一种变化？自由资本主义时期，强调的是你死我活的一种竞争，但现在不是这样了。为什么有这样的变化？因为知识的分享、信息的分享决定了这种关系。

国家与国家、民族与民族之间的关系也不像过去了，过去一个国家想把另一个国家"吃"掉是非常容易的。殖民地时代，英国成了日不落帝国，征服了很多国家。现在，国与国之间的关系错综复杂，一国独大的情况已经不可能出现了，这与技术发展有关系，技术发展、信息流通使各国家、各民族之间形成了一种依赖性、共生性，使世界成为了一个"地球村"。这种关系的变化由什么决定呢？由智能化的生产力来决定。如果

① 《马克思恩格斯选集》，2版，第1卷，142页，北京，人民出版社，1995。

没有信息技术，没有这种信息的高度发达，是实现不了这些变化的。

三、生产资料所有制的多元化

生产资料所有制关系的这种合理的变化具体体现在哪些方面呢？资本主义国家的大企业实行股份制，股份制是大家所有，不是哪一个资本家所有。“资本主义的股份企业，也和合作工厂一样，应当被看作是由资本主义生产方式转化为联合的生产方式的过渡形式……”。[①] 企业员工通过购买股票而占有生产资料，使生产资料所有制发生了变化。我国现在实行的生产资料公有制也不是纯粹的公有制，而是坚持以公有制为主体，多种所有制经济共同发展的经济制度。生产资料所有制关系的这种变化决定了人与人之间的关系也在发生变化，逐渐平等化、合理化。

四、产品分配关系的合理化

在分配关系方面，不是纯粹的按劳分配、按资分配了。资本主义国家也有按劳分配，企业内部也有按劳分配。我们国家有按劳分配，也有按资分配，还有按技术分配，是多元化的一种分配体系。这使得人们的生产关系发生了变化，由这个生产关系决定的整个社会关系也越来越合理化、平等化。

现在的产品分配方式中有没有按需分配？当然有，只是还不占主要地位。据有关资料介绍，在美国，联邦政府用于对中低收入居民住房进行各类直接补贴的财政支出每年就超过 300 亿美元。在新加坡，政府为全国 8.5%的特困户提供每套 42 平方米的廉租房，每个月只象征性地收 11 新加坡元的房租。另外，这些困难户还可以通过政府补贴，购买一套低价旧房。这些公益性很强的社会产品分配都是具有按需分配性质的，都是根据需要进行分配的。这种分配的多元化，更符合现阶段社会调节物质产品分配差距较大的需要，也使社会的产品分配更加合理化。

五、其他社会关系的变化

智能化的生产力对社会关系的影响，主要是生产关系方面的。以这些关系为基础，会影响到其他的关系，例如，上述经济的变化必然引起政治的变化，政治上最大的一个变化就是民主化。我们要建立社会主义的高度民主，这是我们政治文明的一个表现。思想关系也在变化，有的人说经济发展了，思想道德反而落后了，道德“滑坡”了。我不赞成这个说法，因为道德水平也在随着经济的发展而普遍提高。举一个例子，过去说学

① 《马克思恩格斯选集》，2 版，第 2 卷，520 页，北京，人民出版社，1995。

雷锋，雷锋的精神是什么？就是助人为乐、舍己为公、义务劳动、不计报酬、爱憎分明、爱国爱党等。我们倡导了那么多年，但是，做好事的总是少数人，出一个“雷锋式”的模范人物，大家就学习一阵子，但是总是没有大批的“雷锋式”的模范人物出现。现在助人为乐的精神随处可见，比如说，大量的义工利用自己的休息时间去帮助别人，不计个人得失。生产力发达了以后，整个国民素质都在提高，思想道德水平也在普遍提高，而不是像有人说的那样在“滑坡”。

第三节　智能化生产力与人的全面发展

人的全面发展与社会进步的总趋势，是马克思主义理论的一个逻辑归宿。

一、“人的全面发展”的基本内涵

前面我们讲了人民群众创造历史，也是人自己创造自己的历史。事实上，人民群众创造历史和我们所讲的人的全面发展、社会进步的趋势是一致的。人的全面发展，归根结底是人民群众都得到全面的发展，不是某个人、某一部分人，是整个社会、整个人类都得到全面发展。人的全面发展这个问题，归结起来，无非就是指人的各方面素质和潜能的普遍提高和充分发展。人的全面发展有一个逐步展开的过程。

二、人的全面发展的过程

按照马克思的观点，人类发展有三个历史阶段：

第一个阶段是以人的依赖关系占统治地位的历史阶段，包括原始社会、奴隶社会、封建社会三个不同的社会形态。在资本主义社会产生之前，上述三个社会形态下人类都处于以人的依赖关系占统治地位的发展阶段。原始社会以血缘关系为主，人与人之间是一种家族关系，相互之间的依赖性非常强。奴隶社会中，奴隶依赖奴隶主，完全是奴隶主的附属物或生产工具。到了封建社会，农民半依附于地主阶级，无论是佃农还是土地不足的农民，都要租用地主的土地，半依附于地主。

第二个阶段是以物的依赖关系为基础的人的独立性的发展阶段，这是指资本主义社会。在以物的依赖关系占统治地位的这一阶段，人有了“独立性”，人和人相互之间有了“自由”，但只是形式上有了自由。这个时候，物质利益、金钱成了制约人们的一个主要因素：人不是为自身活着，而是为物活着；为了物，不惜损害人的身体和人与人之间的关系。这是什么意思呢？马克思当时讲得非常形象：医生希望病人尽量多，律师希望家家打官司，玻璃匠希望冰雹打坏全城所有的玻璃窗，建筑师幻想大火烧掉全城三分之一的建筑物。马克思的这段话说明：人为了物，物在统治人。这就是我们所说的“金钱至上，物质至上”，物质成了人们一个很大的束缚。但恰恰是在这种以物的依赖关系作为基础的社会，人与人之间多方面的需求和发展有了条件，尽管还不是很全面，但比起人依附于人，人有了一定的自由；人的个性的发展、知识的增长等，相对来说能够全面地展开。

第三个阶段是个人全面而自由发展的历史阶段，这就是马克思设想的共产主义阶段。到了社会主义的高级阶段——共产主义社会，人的全面发展才能真正实现。这个发展阶段有以下特征：高度发达的生产力，这是一个基础；还有私有制、旧式分工的消失。旧式分工即按照职业、按照物质生产的需要进行的分工，对人的束缚很严重，人成了物和机器的附属品。人不是为了自己的兴趣而工作，而是为了生产这种物质、为了赚钱而工作。这个时候，人是感觉不到幸福的。劳动过程没有完全与人的爱好、志趣、个人的心理等各方面一致起来。但是，在共产主义社会里，旧式分工将会消失，从而实现人与人之间事实上的平等，而不是形式上的平等。那时候，人会摆脱物的控制和束缚，也会摆脱社会关系的控制和束缚，个人会实现全面、自由的发展。

三、人的全面发展和社会进步

人的全面发展和社会进步是一种什么关系呢？马克思有这么一句话：人类社会也就是社会化的人类，所以我们不能抽象地谈社会。什么是社会呢？是由人组成的人类社会。所以，社会的进步与人的全面发展实际上是一回事。离开人谈社会是空的；离开社会谈人就抓不住人的本质。人的本质是一切社会关系的总和，人的发展与社会进步是完全一致的。

（一）从“必然王国”到“自由王国”

我们要理解人的全面自由发展，人类彻底解放，进入自由王国，这是一个过程。到共产主义社会，也就是我们刚才讲的第三个阶段，人才能获得全面自由发展，人类才能得到彻底解放。人类彻底解放主要包含两层意思：一是从自然界解放出来。由于自然科学的发展，我们对自然规律认识得更清楚了。所谓解放，就是对必然性的一种认识。我们认识了客观规律，按照客观规律生产我们所需要的东西，从自然界束缚中解放出来，从自然界的必然性支配下解放出来，从而获得自由。二是从社会关系中解放出来。有些社会关系是不利于人类发展的，比如战争。人的解放就是要从历史必然性、从社会必然性的支配下解放出来。到了那个时候，人类会用很理性的态度去对待正义和非正义，强权和霸权将不复存在，战争可能和人类“永别”。那时候人类才真正进入自由的王国。

自由王国是相对于必然王国来说的，这是两种不同的社会状态。进入自由王国之前，我们还处于必然王国。必然王国是指人们受到盲目必然性的支配，尤其是受到自己所创造出来的社会关系奴役的社会状态。支配人的必然性有自然规律、社会规律、人自身的生理和心理规律。受这些规律支配的时候，我们是很不自由的，是处于必然王国的社会状态。自由王国是另外一种社会状态，是指人们摆脱了盲目必然性的支配、成为自然界和自己社会关系的主人、成为自身的主人的社会状态。到那时候，人就真正能够为自己而工作，为自己的全面发展而工作，按照自己的爱好和志趣去劳动。共产主义社会是人的全面发展的实现，可以使人类真正进入自由王国。人类社会进步的总趋势就是要逐步实现共产主义。

（二）网络与人的全面发展

1. 辩证分析网络与网络的应用

现在有一种说法，认为网络的问题已经成为一个很大的问题，就是说它给人们带来生活上的便利、提供了无限丰富的资源共享的同时，也带来了一些负面的影响，比如信息失真、侵权、虚假等，而且网络的极度膨胀似乎也在把人类的生活异化，使人类好像进入了一种不能自拔的状态。还有另外一种说法认为网络尽管给人们带来了种种问题，但是它并不会阻止人类的发展，它给人类的发展带来了机遇和挑战并存的境遇。

和其他人的创造物一样，网络也是人创造的，所以我们在理解网络及其影响的时候就不能单纯从技术的角度去理解，还要善于从人的角度、从技术的社会性角度去理解，这样我们就不会把网络造成的“不良现象”仅仅归结为技术。像其他技术一样，网络有双重性，网络问题有技术方面的原因，但是更多的是来自社会的原因。至于网络是有害还是有利，给什么人造成什么影响，这不是技术本身的问题，而是社会的问题，这完全是由人来控制的。

技术社会学或者叫科技社会学研究技术如何和社会问题结合起来，技术在社会中起什么作用。它说明网络是受人控制的，而不是网络技术来控制整个人类。使青少年沉迷于网络的不是网络技术，而是开网吧的老板。网络可以给青少年带来很多学习的方便，也可以教育他们道德进步。网络是普遍存在的，为什么有的人受影响而有的人不受影响呢？网络导致一些人产生精神分裂或者影响他们的学习，但这总是少数。一个学校中那么多学生，有几个是因为网络毁坏前途的呢？还是少数。所以看问题要全面地看，不能因为某些人沉迷网络而影响了自己的前途甚至造成了精神伤害就把原因归结为网络技术。

从马克思主义唯物辩证法来看，世界是物质的，社会运动是以人的实践活动作为载体的，所以社会的运动都是人的活动，人是能够控制自己的创造物的，包括网络。从唯物辩证法的角度来讲，我们应该对人类本身、对人类社会的发展充满信心，不要受一些错误的世界观、方法论的影响，对人类社会发展的前途产生一些悲观情绪，甚至对自己的前途也产生一些悲观情绪。作为年轻人，应当加强自己的自控能力，尤其是作为大学生，应加强唯物辩证法的世界观、人生观的修养，要把它变成内在的东西，把唯物辩证法作为自己内在的一种世界观、方法论去运用，去分析问题、解决问题。所以，我们要科学地对待网络，好好地利用它，而不是成为它的奴隶。马克思主义哲学告诉我们，一切技术的应用过程中出现的所谓“问题”，都是社会问题，是社会对它们的运用、管理不当所造成的问题，不能将这类问题归因于技术本身，要从人对它的运用方式和管理中去找原因。

2. 网络为人的全面发展拓展了空间

网络为人的全面发展提供了广阔的空间，使人们在虚拟平台上更有条件去想象和创造，更能发挥人的主观能动性，为人们认识和改造客观世界提供了强大的工具。我们应当有效地、合理地去运用它。网络如果运用得好，不仅不会危害人类，还会促进人的全面发展。

（1）网络提供的“虚拟平台”可以为人们的“想象和创造”提供更为方便的条件。在现实生活中，我们总是受到各种各样的物质条件的限制，而网络可以使我们在物质条件方面的需要大大减少，使原来“不可能”的事情变为“可能”。例如，如果我们想去参观“世博会”，但苦于没有资金或者没有时间，现在有了网络，就可以在网上逛“世博会”了。

（2）网络为我们认识和改造客观世界提供了强大的工具。网络为我们认识和改造客观世界提供的工具，是有人类历史以来最强大的。网络几乎“无所不能”，越来越强大的搜索工具为我们及时获得各种信息、更有效地认识和改造客观世界提供了可能。

（3）网络为人们提供了“自由”发展的空间。虽然网络上的“自由”发展代替不了现实中的“自由”发展，但是，网络为人们的自由发展提供了更方便的条件，这是不容置疑的。所谓的自由发展，最重要的是能够按照自己的兴趣和特长去发展和利用自己的潜能。在网络上，人们可以模拟出现实中做不到的东西，使自己的兴趣和特长在“虚拟”状态下得以发展和利用。

四、关于“共产主义”的论证

许多人甚至一些党员对共产主义理想境界的实现都持怀疑的态度，特别是20世纪80年代末90年代初，苏联和东欧国家的共产党纷纷放弃共产主义的道路，导致东欧剧变，有些共产党宣布解散，这使人们对共产主义理想有了一些动摇。共产主义能实现吗?

（一）共产主义信仰与宗教信仰的不同

共产主义信仰和宗教信仰在“信”与“不信”上有根本的区别。共产主义首先是一门科学，然后共产党员才把它作为一种信仰。那么宗教呢？没有任何一个宗教教徒去怀疑它的宗教教义：它是不是科学？我要不要去信它？二者的区别就在这里。为什么说共产主义是科学呢？共产主义是按照马克思主义唯物史观的原理得出的一个必然结论，符合人类整个实践活动的发展规律，人类实践的活动和整个社会实践都在一步一步地证实它。毛泽东同志有一段非常精彩的话：社会主义制度的建立为我们开辟了一条到达理想境界的道路，而理想境界的实现还要靠我们的辛勤劳动。毛泽东讲的“理想境界”就是共产主义。从社会主义制度的建立到共产主义的实现，还有很长的一段路。这段路不是靠我们等来的，要靠我们走，要靠我们辛勤的劳动去实现。所以说，我们讲的共产主义不是纯粹的信仰问题，要去做，去做才能实现。每一个信仰共产主义的共产党员都要在这个过程中起模范带头作用。广大人民群众不知道这个道理，我们要向他们宣传，让更多的人加入共产党。即使不能使之加入共产党，我们也要让他们知道共产党是在为他们创造幸福的生活。这是一项伟大的事业。

（二）共产主义的目标体系及实践证明

我们刚才提到共产主义是科学，表现在哪里呢？应该有两个方面：一是它符合唯物史观这一科学社会发展理论所揭示的社会发展的客观规律，也就是我们前面讲的生产力决定生产关系、经济基础决定上层建筑的规律。这是社会发展的一条客观规律，不以人的意志为转移。人要获得吃、穿、住、行所必需的物质资料，就要发展生产力，生产力发展到一定程度，生产关系就要调整，生产关系调整了，作为经济基础，它又会影响上层建筑的变化，社会就向前发展了。二是它符合社会进步的客观实际。前面我们讲到，手推磨产生的是封建主为首的封建社会，蒸汽磨产生的是工业资本家为首的社会即资本主义社会。现在的生产力大大提高了，以“智能化”生产力决定的是劳动者为首的社会即共产主义社会。劳动者就是绝大多数人，他们为首的社会当然就是共产主义社会。

这样说还可能有一点抽象，那么共产主义有没有一些具体的标准或特征呢？在马克思的设想中，关于这个问题说得很清楚，概括起来大体有以下几个方面：第一，生产力高度发达，物质财富充分涌流；第二，消灭私有制，生产资料公有；第三，人与人之间高度平等；第四，按需合理分配；第五，没有竞争，只有竞赛；第六，领导人由竞选产生；第七，婚姻自由；第八，优生优育和计划生育；第九，由社会教育代替家庭教育；第十，由社会养老代替家庭养老。这十个方面主要是从物质条件来讲的。另外，在这些物质基础之上，共产主义社会的思想道德水平会普遍提高，助人为乐、毫不利己、专门利人的共产主义道德会很普遍。这就是马克思设想的共产主义社会，很具体。马克思关于未来共产主义社会的构想令人鼓舞，但是我们能不能达到这种社会状态呢？以下我们对其中的几个方面进行分析。

1. 生产力高度发达，物质财富充分涌流

生产力高度发达，智能化生产体系到底能发展到什么程度？美国计划在 2030 年

85％的企业实现智能化，95％的职员是白领，这并不是很遥远的事情。智能化生产力发展的表现形式就是“无人生产”或“无人工厂”。“白领”阶层达到95％，只有5％的“蓝领”，当然这也不是原始意义上的蓝领了。智能化的生产体系，在中国用不到100年的时间，生产力就可以达到这个水平了。我国很多的生产设备已经开始采用智能化的生产了，“生产力高度发达，物质财富充分涌流”也不成问题了。

2. 消灭私有制，生产资料公有

有人说，马克思设想的生产资料公有很难实现，因为与现在很多情况有不符的现象。比如苏联、东欧一些国家的公有制已经没有了，而我国在改革开放以后也在减少公有制的比例。这是对公有制的一种片面理解。看起来百分之百、纯之又纯的公有制只是一个表面现象，或者叫做抽象的公有制、没有落到实处的公有制。据说有一个人上了火车不买票，乘务员叫他买票，他说：“我没有必要买票，因为火车是全民所有，我是公民之一，其中有我的一份。我不需要买票，坐我家的火车为什么要买票？我有一份财产在里面。我那份财产难道不够买一张票吗？”这听起来是笑话。实际上，那时公有制还没有具体的实现途径。

我国农村改革后分田到户，好像没有公有制了，人民公社都解散了，变成乡镇这一行政区划。但是，随着生产力的发展，农村正在悄悄兴起一股新形式的公有制——股份制，农民之间的合作制，专业化的公司，农民自主地、主动地、自觉地、自愿地去建立一种新的公有制的联合体。这种联合体更符合马克思的思想。马克思设想共产主义社会是人们之间形成松散的以个人自由全面发展为前提和基础的“自由人的联合体”。现在的一些农户就主动联合起来形成专业公司。这种新的联合、新的公有制，才是真正的现实的公有制，而不是一种抽象的东西。这样讲，就联系到股份制的问题。如果是很好的股份制的话，它也是实现公有制的一种好的形式。比如，股份制公司的股票一旦上市，在市场上流通，那么所有的人都可以去购买，一旦购买了就拥有了它的股份。以这种自由和自愿的形式去拥有生产资料的某一部分，这个公司实质上就成了公有，成了全社会所有。有的看起来有公有成分，实质上也有私有成分，这种公有和私有达到一种很好的组合形式，而不像过去：说公有是抽象的公有，私人一点不能拥有。国有企业一旦上市，个人也拥有它的股份。这是真正的实实在在的一种公有制。这与“上车不买票”那种抽象的公有制形成一种鲜明的对比。

3. 人与人之间高度平等

现实生活中人与人之间仍然存在不平等的现象，那么，共产主义特征中说人与人之间的高度平等是不是一个遥远的事情呢？

关于人与人之间高度平等，我们应从经济、社会、政治、伦理四个方面来分析。首先，从经济上讲所有制关系，公有制和私有制在现阶段很难截然分开。“公有”中有“私有”，“私有”中有“公有”——“私人公司”通过上市成了全社会的“公有”，“公有制”通过上市也可以让私人拥有它的股份。事实上，个人和集体、私有和公有之间形成了一种合理的关系。所有制关系多元化，各种所有制都同时存在，出现越来越平等的关系。其次，社会组织结构扁平化，企业组织由“金字塔式”发展成“扁平化”的组织。这与生产力的发展是有关系的。白领越来越多，老板与白领的关系越来越近，雇员和雇主之间越来越平等。再次，社会政治关系更加民主化。不管是资本主义民主还是社会主义民主，都在向着更真实的方向发展。社会主义民主虽然不健全，也在努力向更健全的方向发展。最后，伦理关系趋于合理化。好比上级和下级、基层和中央之间有一种更加民主的关系，更加平等的关系。在我们共产党内就更是平等了，党员和任何一个党的干部，都是一种平等关系。

4. 按需合理分配

这里要对“需要”有个正确的理解。马克思在这里讲的是按需合理分配，生产能力与客观需要的统一。需要，在这里只能理解为“客观”的需要，不可能是主观的需要。

5. 没有竞争，只有竞赛

竞赛和竞争既有联系又有区别。竞赛有一定的规则，像体育比赛一样，跑步的时候各行其道，不能互相践踏。竞争也有竞赛的意思，但竞争中存在人类之间的内耗。这样的竞争，将来不会有。全世界完全可以通过发达的信息系统的信息交流合理安排生产，没有必要这样去竞争了。那时候，完全是按计划进行的，就更有效率了。

6. 共产主义道德

有人说：现在经济发展了，道德反而滑坡了。事实上，应该从整个大局去分析，全面地看问题。随着市场经济的发展，人们物质生活水平普遍提高，道德水平也在普遍提高。例如，过去我们讲雷锋精神，毫不利己，专门利人，助人为乐。这些精神，表现在休息日到工地干活既不要任何报酬也不留姓名，拿钱给大嫂买车票，等等。类似这样的行为表现出来的道德，就是“共产主义道德”，一直宣传了十几年。那么，市场经济发展到现在，这些道德到底是少了还是多了？我们做具体的分析，不要抽象地讲“道德滑坡”了。例如捐助活动，一旦有一个地方发生了灾害，社会各界捐款都很踊跃。这个行为在性质上与雷锋给大嫂买车票没有什么不同，并且非常普遍，人人都在做。这样的事情在全世界越来越多，雷锋精神不光我们学习，外国人也“竖大拇指”。这是人类美好道德的一种水准。

1. 智能化生产力的基本内涵是什么？它对社会关系有哪些影响？
2. 结合实际谈谈自己对社会发展趋势的认识。
3. 结合实际谈谈网络对人类的影响。

参考文献

1. 马克思恩格斯选集．2 版．第 1 卷．北京：人民出版社，1995.

2. 马克思恩格斯选集．2 版．第 2 卷．北京：人民出版社，1995.

3. 马克思恩格斯选集．2 版．第 3 卷．北京：人民出版社，1995.

4. 马克思恩格斯选集．2 版．第 4 卷．北京：人民出版社，1995.

5. 列宁选集．3 版．第 1 卷．北京：人民出版社，1995.

6. 列宁选集．3 版．第 2 卷．北京：人民出版社，1995.

7. 列宁选集．3 版．第 4 卷．北京：人民出版社，1995.

8. 毛泽东选集．2 版．第 1 卷．北京：人民出版社，1991.

9. 毛泽东选集．2 版．第 2 卷．北京：人民出版社，1991.

10. 毛泽东选集．2 版．第 3 卷．北京：人民出版社，1991.

11. 毛泽东文集．2 版．第 8 卷．北京：人民出版社，1999.

12. 邓小平文选．2 版．第 2 卷．北京：人民出版社，1994.

13. 邓小平文选．1 版．第 3 卷．北京：人民出版社，1993.

14. 江泽民．在庆祝中国共产党成立八十周年大会上的讲话．北京：人民出版社，2001.

15. 江泽民．论“三个代表”．北京：中央文献出版社，2001.

16. 胡锦涛．在“三个代表”重要思想理论研讨会上的讲话．北京：人民出版社，2003.

17. 中央保持共产党员先进性教育活动领导小组办公室．保持共产党员先进性教育读本．北京：党建读物出版社，2004.

18. 本书编写组．马克思主义基本原理概论．北京：高等教育出版社，2008.

19. 王培林等．马克思主义哲学原理．广州：广东高等教育出版社，2003.

后　记

为了提高大学生思想政治理论课教育教学的针对性、实效性，我们在教学形式和教学内容上进行了多方面的探索。写一本理论联系实际、可读性较强的教材，一直是我们的一个夙愿。在本书的编写过程中，全国高校思想政治理论课教学指导委员会副主任、广东省高校思想政治理论课教学指导委员会主任、中山大学博士生导师郑永廷教授给予了多方面的指导和支持，尤其是在教学理念、教学方法和编写思路方面给我们提出了建设性的意见和建议；广东省教育厅副厅长李小鲁博士、思想政治教育处袁本新处长对本教材的写作也给予了高度关注和支持。我们对他们和其他关心本教材编写、出版的专家、朋友们表示衷心感谢!

在本教材的编辑、出版过程中，华南理工大学继续教育学院余新科副院长给予了大力支持，中国人民大学出版社的编辑们为本教材的问世付出了辛勤的劳动，在此深表感谢!

在本教材的编写过程中，我们引用了大量的相关研究成果，大都有明确的出处，但是，由于其最初的形式是讲稿，可能有些“出处不明”的地方，因其对教学有重要作用而没有进行删减，在这里对于相关研究成果的作者表示真诚的感谢。特别是由王培林等主编的《马克思主义哲学原理》和高等教育出版社出版的《马克思主义基本原理概论》两本书，我们引用或“重复”了其中的许多内容，但有些没有注明，希望相关作者见谅。

由于编者水平所限，本书可能存在一些错漏之处，敬请各位读者批评指正。

编者

图书在版编目（CIP）数据

马克思主义哲学原理/霍福广主编．—2版．—北京：中国人民大学出版社，2013.2
21世纪远程教育精品教材．公共基础课系列
ISBN 978-7-300-17045-9

Ⅰ.①马… Ⅱ.①霍… Ⅲ.①马克思主义哲学-远程教育-教材 Ⅳ.①B0-0

中国版本图书馆CIP数据核字（2013）第027406号

21世纪远程教育精品教材·公共基础课系列
马克思主义哲学原理（第二版）
主编　霍福广

出版发行	中国人民大学出版社		
社　　址	北京中关村大街31号	**邮政编码**	100080
电　　话	010－62511242（总编室）		010－62511398（质管部）
	010－82501766（邮购部）		010－62514148（门市部）
	010－62515195（发行公司）		010－62515275（盗版举报）
网　　址	http://www.crup.com.cn		
	http://www.ttrnet.com（人大教研网）		
经　　销	新华书店		
印　　刷	北京鑫丰华彩印有限公司	**版　　次**	2009年9月第1版
规　　格	185 mm×260 mm　16开本		2013年5月第2版
印　　张	10	**印　　次**	2017年7月第9次印刷
字　　数	197 000	**定　　价**	25.00元